中等职业院校立德树人系列教材

安全素养

主　编　闫永荃
副主编　刘　洋　马东宝　王　理

北　京
冶　金　工　业　出　版　社
2024

内容提要

本书共分8章，分别从饮食、人身、财产、消防、用电、交通、实习、健康、突发性意外伤害事件等方面，用通俗易懂的语言介绍了相关的安全知识。其中各章都提供了大量的案例，章后还配有丰富的练习题，供学生选做。

本书可作为中等职业院校安全教育课程的教材，也可作为广大社会青少年的读物。

图书在版编目(CIP)数据

安全素养/闫永荃主编．—北京：冶金工业出版社，2017.10(2024.2重印)
中等职业院校立德树人系列教材
ISBN 978-7-5024-7639-7

Ⅰ.①安…　Ⅱ.①闫…　Ⅲ.①安全教育—中等专业学校—教材
Ⅳ.①G634.201

中国版本图书馆CIP数据核字(2017)第245193号

安全素养

出版发行 冶金工业出版社　**电　话** (010)64027926
地　址 北京市东城区嵩祝院北巷39号　**邮　编** 100009
网　址 www.mip1953.com　**电子信箱** service@mip1953.com

责任编辑 戈 兰　美术编辑 吕欣童　版式设计 孙跃红
责任校对 李 娜　责任印制 窦 唯
北京虎彩文化传播有限公司印刷
2017年10月第1版，2024年2月第3次印刷
710mm×1000mm 1/16；10.25印张；197千字；153页
定价26.00元

投稿电话 (010)64027932　投稿信箱 tougao@cnmip.com.cn
营销中心电话 (010)64044283
冶金工业出版社天猫旗舰店 yjgycbs.tmall.com
(本书如有印装质量问题，本社营销中心负责退换)

前　言

安全是人类得以生存的保障，更是人类社会得以持续发展进步的重要前提。

作为社会热点问题，校园安全日益受到社会各界的关注。据有关资料表明，每年我国因交通事故、建筑物倒塌、食物中毒、溺水、治安事故等伤亡的中小学生，平均每天有数十人。所以，保护学生的人身安全，使发生在他们身上的意外事故减少到最低，关系到千家万户的切实利益，更是学校教育管理工作的重要内容。

做好校园安全工作，除了要建立健全校园安全制度，规范管理行为以外，更重要的是注重增强学校、家长和学生的安全防范意识，提高学生自我保护能力和自救能力。对于中职生来说，职业教育背景以及职业院校的生活环境有其特殊的地方，所以中职生的安全问题也随之具有一定的特殊性。加强中职生的安全教育工作刻不容缓。

本书内容贴近实际，语言通俗易懂，从饮食安全、人身与财物安全、消防安全、用电安全、交通安全、实习安全、健康安全、应对突发事件与自然灾害这几个方面切入，通过发人深省的安全案例，讲述科学的道理、实用的知识和方法，提高学生的自我防护意识，让学生们既能有效地保护自己，又能营造平安和谐的校园风气。

本书由闫永荃担任主编，由刘洋、马东宝、王理担任副主编，蔡明、陈刚、张典参与编写。在编写过程中，本书注重理论和实际相结合，力求使本书成为安全知识完备、技能操作简单易懂、紧跟时代气息的安全知识读物，使学生通过学习受到启发，从而保证自身安全。

鉴于编者经验和水平有限，书中不足之处，欢迎读者批评指正。

编　者

2017年8月

目　录

1 饮食安全

1.1 食物中毒

食物中毒是指人们食用了含有病原微生物及其毒素的食物或食用含有毒性物质的食物而引起的中毒。按致病因素来分，常见的食物中毒种类有细菌性食物中毒、真菌性食物中毒、动物性食物中毒、植物性食物中毒、化学性食物中毒。

1.1.1 食物中毒的主要特征

【案例 1-1】

都是辣条惹的祸？

2012 年 9 月，初中学生张某，放学到校外小卖店买了一袋辣条，边走路边吃。半个多小时后，张某突然肚子疼痛，嘴唇发紫，浑身哆嗦，呼吸困难。后经医院及时抢救方脱离危险。经调查检验，张某吃的辣条已过期变质，含有大量的病菌，系没有生产厂家、出厂日期和保质期的伪劣食品。

案例分析：张某因为吃了非正式厂家生产的伪劣食品而出现了食物中毒的现象。食物中毒者最常见的症状是剧烈的呕吐、腹泻，同时伴有中上腹部疼痛。呕吐腹泻严重的还可能发生脱水、酸中毒，甚至休克、昏迷等症状。因此，如果有同学出现上述症状，应怀疑是食物中毒，需及时送到医院就诊，同时报告老师。在日常生活中，同学们要谨慎选购包装食品，认真查看包装标志、厂家地址和电话、生产日期是否标示清楚、是否过期。不到小摊小贩那里购买食物，防止病从口入。

知识链接

食物中毒的原因不同，症状各异，但是一般都具有以下临床特征：

（1）发病潜伏期短，来势凶猛，呈爆发性，短时间内可能有多人发病，发病曲线呈突然上升趋势。

（2）发病原因与食物有关，患者有食用污染食物史；流行波及范围与污染食物供应范围基本一致；停止污染食物供应后，流行即告终止。

（3）中毒患者临床表现基本相似，以恶心、呕吐、腹痛、腹泻等胃肠道症状为主。

（4）人与人之间无直接传染。

知识拓展

地沟油的危害

地沟油是将下水道或隔油池里的废油进行再加工，仅仅经过简单的过滤、加热、沉淀、分离，摇身一变，就成了餐桌上的“食用油”。依靠低廉的价格，地沟油深受一些不正规的餐馆和不法小贩的欢迎。其实地沟油是一种质量极差、极不卫生的非食用油，长期食用可能会引发癌症，对人体健康的危害极大。

1.1.2 食物中毒的救护措施

知识链接

一旦发生食物中毒，千万不要惊慌失措，应冷静分析发病的原因，针对引起中毒的食物和食用食物时间的长短，及时采取以下应急措施：

（1）补充液体及电解质。食物中毒患者如有剧烈的呕吐和腹泻等现象，要适当补充水分，或者注射生理盐水、葡萄糖。

（2）刺激呕吐法。如果食用食物在1~2小时内，出现中毒症状，可以先用催吐的方法，将尚未被消化吸收的有毒食物排出体外。

1）如果意识清醒，可以自行用手指、筷子等刺激咽喉部位，反复刺激直至将胃里剩余的食物全部吐出来。

2）用20克食盐兑200毫升温开水一次性饮完，引发呕吐反应。如果效果不明显，可以重复饮用盐水，直至将胃里的剩余食物全部吐出。

3）将100克新鲜生姜捣碎，口服鲜姜汁，然后用200毫升的温水冲下去催吐。

4）如果食物中毒严重，必须立即送往医院进行洗胃，以防毒素被迅速吸收。

（3）刺激排泄法。如果病人食用食物时间较长，超过2~3小时，但精神较好，可以服用果导片等泻药进行导泻，使有毒食物尽快排出体外。

（4）解毒。

1）误食腐败变质的海鲜类食物，如因食用变质的鱼、虾、螃蟹等引起的食物中毒，可以用200毫升的开水兑100毫升的食醋口服。

2）误食腐败变质的肉类，可以服用藿香正气水。

3）误食毒草，可以服用甘草紫苏汤或甘草绿豆汤。

食物中毒治疗期间及之后饮食要清淡，避免食用对胃有刺激的食物。

（1）食物中毒患者在尚未停止上吐下泻前，需要靠生理盐水和葡萄糖注射液来维持必需的能量。

（2）食物中毒患者在呕吐症状结束后，切忌食用油腻食物。要在病情好转之后，逐渐转为正常的饮食。

知识拓展

当发现身边的人出现食物中毒的情况时，应尽快送医院治疗。在紧急送中毒者去医院的同时，应携带中毒者吃过的食物及吐泻物，以便医生迅速查明中毒的原因，采取相应的急救措施。在治疗过程中，要给病人以良好的护理，尽量使其安静，避免精神紧张，注意休息，防止受凉，同时补充足量的淡盐水。

1.1.3 食物中毒的预防

【案例1-2】

有“毒”的凉皮

2008年9月14日，某校学生小刘发生食物中毒。经查，这是一起食用小商贩自制凉拌凉皮而导致的细菌性食物中毒事件。小刘出现恶心、呕吐、腹痛等症状，经医院及时救治后痊愈。

案例分析：小刘同学因为食用了校外小商贩的不卫生食品而导致食物中毒。小商贩售卖的食品大多露天摆放，卫生条件极差；食品加工人员没有健康证等证件，给就餐人员身体健康带来巨大隐患；而且小商贩流动性很强，如果出现饮食卫生方面的问题，根本找不到责任人。

知识链接

一般可以从以下几方面来预防食物中毒：

(1) 学生应尽量在学校的食堂用餐。

(2) 如果在校外的摊位或小店用餐，注意察看其卫生条件，尽量不要在露天的摊位上用餐。

(3) 认真对待“有效期”和“保质期”。在超市或便利店购买食物，对于过期的、胀袋的、包装变形的、盖子鼓起的食品不要购买食用。

(4) 购买熟食时，一要看颜色，二要闻味道，变质的熟食一律不吃。

(5) 不吃隔夜菜，不喝隔夜汤，更不吃腐烂变质的蔬菜，防止亚硝酸盐中毒。

(6) 注意个人用餐卫生，餐前便后洗手，经常修剪指甲。

(7) 如果对水果和蔬菜等生鲜食品有怀疑，最好的办法是煮熟、烹调、削皮或扔掉。

知识拓展

食品的保质期和保存期

保质期（最佳食用期）是指在标签上规定条件下保证食品质量（品质）的期限。

保存期（推荐的最终食用期）是指在标签上规定条件下，食品可以食用的最终日期，超过此期限，产品质量（品质）可能发生变化，食品不再适合销售与食用。

保质期和保存期的区别是：过了保质期的食品未必不能吃，但过了保存日期的食品一定不能吃。

认识QS标志

QS是食品“质量安全”（Quality Safety）的英文缩写，是食品质量安全市场准入标志，是质量标准。食品外包装上加印（贴）QS标志表明食品符合质量安全基本要求。实施食品质量安全市场准入制度管理的食品，其产品出厂必须加印（贴）食品市场准入标志。没有食品市场准入标志的，不得出厂销售。

食品市场准入标志由“QS”和“质量安全”中文字样组成，标志主色色调为蓝色。字母“Q”与“质量安全”四个中文字样为蓝色，字母“S”为白色。

1.2 健康饮食

民以食为天，如何吃饭，怎么吃饭也是大有学问的，如今越来越多的人意识到良好饮食习惯的重要性。中职学生正处于生长发育的黄金时期，不仅身体发育需要消耗大量的营养，而且紧张的学习也需要消耗大量的能量，因此，养成良好的饮食习惯十分重要。如果中职学生在饮食习惯上出现问题，不仅影响了其正常的生理发育、身体健康，而且还影响其学习效率。

1.2.1 卫生饮食

【案例 1–3】

现炸薯条

2012 年 10 月某日中午，离放学还有 20 多分钟，某中职学校的校门口，一群推车卖食品的小商贩开始忙碌起来。有家卖现炸薯条的摊主正在把一桶黑乎乎的油倒进锅里，把事先已经炸好的薯条重新倒进锅里，做成“现炸薯条”摆上小推车。

案例分析：这些小商贩多是学校周边流动的无证经营的摊主，从业人员没有经营许可证、卫生许可证以及从业人员健康证等，缺乏基本的卫生安全意识和操作规范。不少摊点甚至还销售非法添加色素与添加剂的食品、质量不合格食品以及变质食品。这些食品含有大量的致病菌，中职学生正处于发育期，食用了这种不洁食品容易拉肚子，破坏肠胃功能，影响正常的生长发育。而用地沟油制成的油炸食品，含有致癌物质，长期食用，不但会导致营养不良，而且甚至会引起发育障碍等不良后果。

知识链接

中职学生还处于生长时期，为了保证每天的学习和生活能够顺利进行，身体发育健康良好，必须要注意饮食卫生。注意饮食卫生要做到以下几点：

（1）讲究个人卫生，饭前便后要洗手。不良的个人卫生习惯会把致病菌从人体带到食物上。比如，手上沾有致病菌，再去拿食物，食物就会被污染，被污染了的食物进入消化道，就会引发细菌性食物中毒，从而引起腹泻。

（2）选择新鲜和安全的食品。要到正规的商场超市购买食品，要注意查看其感官性状，是否腐败变质。尤其是小食品，不要只看其色彩鲜艳的诱人外表，要看其生产日期、保质期，是否有厂名、厂址、生产许可证号（QS 标志）等标志。不要到学校周边没有营业执照或证照不齐全的小商贩处购买无厂名无厂址、无出厂合格证、无保质期的食品和假冒伪劣食品。自觉抵制“三无食品”、“垃圾食品”和

"不合格产品"。"三无"食品是指无厂名、厂址、生产日期的食品，多数是用有毒、有害、变质或劣质原料制作的食品。"三无"食品是不安全的食品。

（3）食品在食用前要清洗干净。生吃瓜果要洗净，因为瓜果蔬菜在生长过程中不仅会沾染病菌、病毒、寄生虫卵，还会残留农药、杀虫剂等。如果不清洗干净，不仅可能染上疾病，还有可能造成农药中毒。食物要彻底做熟，例如没有炒熟的豆角中含有皂苷等毒素，食用后会引起急性中毒；未煮透的豆浆含有植物凝集素，也会造成中毒。

（4）不随便吃野果、野菜。野果、野菜的种类很多，其中很多都含有对人体有害的毒素，缺乏经验的人很难辨别清楚。因此，不要随便吃野果、野菜，确保安全，以免中毒。

知识拓展

用白纸包食物

有些人喜欢用白纸包食物，因为白纸看上去干干净净的。可事实上，白纸在生产过程中会加入许多漂白剂和带有腐蚀作用的化学原料，纸浆虽然经过冲洗过滤，但仍含有不少化学成分，会污染食物。至于用报纸包食物，则更不可取，因为印刷报纸时，会使用油墨和其他有毒物质，对人体危害极大。

1.2.2 安全饮食

【案例 1-4】

一口馒头差点要命

2016 年 8 月 1 日早上 7 点左右，学生张某和父母一起吃早餐，一边啃馒头，一边与父母争吵。突然，他被馒头卡住了，先是不停呛咳，脸色发紫，呼吸困难，接着就难受得双手抓喉咙，话也说不出来。家长当时很慌，也不知道该怎么帮助孩子，结果没过几分钟，学生张某就晕倒了，怎么叫都没反应。家长手忙脚乱地拨打了 120，将张某送到医院急救。

知识链接

噎食是指食物堵塞咽喉部或卡在食道的第一狭窄处，甚至误入气管，引起呼吸窒息。

1.2.2.1 噎食的表现

(1) 噎食早期。大量食物积存在口腔前部，阻塞气道。病人面部涨红并有呛咳发生。

(2) 窒息中期。食物卡在咽喉部，病人有胸部窒息感，食物吐不出，缺氧，呼吸困难，两眼发直手乱抓。

(3) 窒息后期。病人满头大汗，口唇面色青紫，四肢苍白厥冷，大小便失禁，抽搐，呼吸停止。

一旦发生噎食，立即停止进食并紧急处理。

1.2.2.2 噎食的常见原因

(1) 抢食或进食过急，暴食，进食干、硬、带骨、带刺的食物。

(2) 长期服用抗精神病药出现锥体外系不良反应，引起吞咽肌肉运动不协调，抑制吞咽反射，也会发生噎食现象。

(3) 患有脑器质性疾病如帕金森氏综合征的患者，吞咽反射迟钝，如果抢食或进食过急会发生噎食。

(4) 癫痫病人在进食时抽搐发作导致咽喉肌运动失调，可能会发生噎食。

(5) 特殊治疗后，如电休克治疗过程中应用麻醉药物会抑制吞咽功能，治疗后2小时内也会发生吞咽困难，出现噎食。

(6) 小孩进餐时注意力不集中或大笑大哭，容易出现噎食；老年人吞咽反射迟钝，也容易出现噎食。

如果发生食物阻塞气管，可以采取海姆立克急救法进行急救。

1.2.2.3 噎食的预防

(1) 食物要切成小块儿，便于咀嚼。大块儿的食品，需要更多的咀嚼才能磨成适宜吞咽的大小。如果囫囵吞咽，很容易卡住嗓子。小孩儿和老人的咀嚼能力较弱，所以更容易发生噎食。

(2) 吃饭时不要说笑。说话、大笑时，呼吸道是敞开的，此时嘴里含有食物，一不留神，就会噎着，发生危险。

(3) 细嚼慢咽。食物要细嚼慢咽，才能充分地碾碎。很多黏性大的食物如果不嚼碎，很容易黏到食道，从而发生噎食。

(4) 选择柔软的饭菜。尽量减少硬的食品，特别是豆类，小而且难以咀嚼，容易引起噎食。

(5) 吃饭不宜喝酒。酒可以麻痹神经，使人失去控制能力，如果加上吃饭吞咽方式不当可能发生噎食。

1.2.3 营养饮食

【案例 1–5】

冷饮吃到吐

学生小王，平时很爱吃冰激凌等冷食。某天天气炎热，小王一天之内吃了五根雪糕，喝了三瓶冷饮。晚上即将入睡时，小王突然感到恶心、呕吐、腹痛难忍，去医院检查被告知得了急性肠炎。

案例分析：炎炎夏日，很多人喜欢吃雪糕、冰激凌降温解暑。但是这些冷食中主要含有糖、可可、牛奶、巧克力、果汁及水分，一次进食过多会直接影响胃消化液的分泌及胃肠道的正常消化。不加节制地大量食用冷饮会刺激胃肠道，引发胃肠道疾病。

知识链接

合理饮食应注意以下事项：

（1）荤素搭配适量。荤食中蛋白质、钙、磷及脂肪溶性维生素优于素食；而素食中不饱和脂肪酸、维生素和纤维素又优于荤食。所以，荤食与素食适当搭配，取长补短，才更有利于健康。

（2）常饮鲜果汁、鲜菜汁。鲜果汁、鲜菜汁是体内的“清洁剂”，它们能清理体内的毒素和废物。因为当多量的鲜果汁和鲜菜汁进入人体消化系统后，会使血液呈碱性，可以把积存在细胞中的毒素溶解，并经排泄系统排出体外。

（3）常吃海带。海带胶质能促进体内的放射物质随同大小便排出人体，从而减少放射物在人体内的积聚，减少放射性疾病的发生率。

（4）常喝绿豆汤。绿豆能帮助排泄体内毒素，促进机体的正常代谢。

（5）常吃猪血。猪血中的血浆蛋白，经过人体胃酸和消化液中的酶分解后，会产生一种具有解毒和滑肠作用的物质，这种物质可与侵入胃肠的粉尘、有害金属微粒发生化学反应，变为不易被人体吸收的废物。

（6）常吃黑木耳和菌类植物。据研究，黑木耳和菌类植物有良好的抗癌作用，并且能清洁血液和解毒，经常食用能有效地清除体内的污染物质。

（7）平时应少吃油炸类、冷冻甜品类、饼干类、烧烤类、加工类肉食品和汽水可乐类饮料；多吃水果、蔬菜、有营养的肉类等健康环保食品；绝对不能吃过期、变质、霉变食品。

1.2.4 科学饮食

【案例 1-6】

减肥与厌食

小丽同学因为羡慕其他女生身材纤细、苗条而下决心减肥。在众多减肥方法中，小丽采取了少吃的方法，开始是减少饭量，后来三餐只吃水果。一段时间之后，小丽的体重有些下降，但是伴有精神不振、全身乏力等症状。对此，小丽采取了一种非常极端的方法：先吃饭，吃过饭之后用手抠喉咙把吃过的饭吐出来。就这样，小丽患上了“厌食症”。

案例分析：小丽因为过度减肥而出现了心理障碍，得了“厌食症”，身体健康受到了严重伤害，瘦骨嶙峋，面色苍白，连走路都很吃力，出现了严重的营养不良，代谢和内分泌紊乱，还伴随有严重的进食障碍和焦虑情绪，影响了正常的学业和生活。

知识链接

科学进餐应注意以下几点：

(1) 一日三餐，按时进餐。一日三餐的食量分配要适应生理状况和工作需要，最好的分配比例应该是 3∶4∶3。例如，假设一天吃 1 斤粮食，那么早晚各吃 3 两，中午吃 4 两比较合适。

(2) 不偏食，不挑食，不暴饮暴食。人体所需要的营养物质是由各种食物供给的，没有任何一种天然食品能包含人体所需要的全部营养物质。单吃一种食物，不管吃的数量多大，也不管其营养如何丰富，都不能维持人体的健康。因此，在饮食过程中，不可长期挑食或偏食。

(3) 饭后不宜立即进行剧烈运动。首先吃完饭以后，我们身体里的血会大量地供应到胃部去，因此供应运动系统的血相对就减少了。这时如果运动的话，我们身体的灵活性会下降，比较容易摔倒，所以饭后运动其实是比较危险的。其次，一般饭后身体比较饱和，食物在胃里还没有消化，这个时候运动的话会导致消化不良，加重胃的负担，对身体产生不良影响。另外，饭后剧烈运动的话还易导致阑尾炎。

(4) 晨起喝水。早晨起床后喝一杯温开水，有利于肝、肾代谢和降低血压，防止心肌梗死，故有的人称晨起后的第一杯水为“复活水”。人体经过几个小时的睡眠后，消化道已排空，晨起饮一杯温开水能很快被吸收，在稀释血液的同时对体内各器官进行一次“内洗涤”。

(5) 避免吃得过少。有些人为了减肥，经常节食。吃得少的人，特别是不吃早餐的人经常容易疲乏犯困。营养学研究证明，早餐是人一天中最重要的一顿饭。早餐是启动大脑的“开关”。夜间睡眠时，激素分泌进入低谷，储存的葡萄糖在晚餐后 8 小时就消耗殆尽，而脑细胞只能从葡萄糖这一种营养素中获取能量。所以，早餐就如同及时雨一般，能使激素分泌很快进入高潮，并为脑细胞提供能源。如果早餐吃得少，则会精神不振，工作效率降低，时间长了还会使人变得疲惫无力，头昏脑胀，情绪不稳定，甚至出现恶心、呕吐、晕眩等现象，无法精力充沛地学习和工作。

知识拓展

过度减肥对身体的危害

(1) 抵抗力减弱。节食减肥多为低热量摄取，且营养不均衡或营养素摄取不足；过度减肥造成肌肉蛋白质分解，导致体力变差；制造淋巴球的原料不足使淋巴球产量减少……由于种种这些，抵抗力当然会减弱，容易出现感冒、腰酸背痛等现象。

(2) 易掉发，皮肤变差。过度减肥容易导致营养素摄取不足，造成体内新陈代谢不正常，严重的会引起掉发、发色枯黄、发质干燥等；而皮肤也会因营养素摄取不足或荷尔蒙代谢不正常而出现肤质变差、变粗糙、易生痘痘等情形。

(3) 器官功能失调。在长期饥饿的情况下，因摄取热量及营养素的不足，同时加上身体水分大量流失，肌肉蛋白质分解，易造成暂时性的肝、肾功能失调；同时反复减重也容易导致代谢率下降，影响肠胃功能，易发生消化不良或肠胃疾病等不良后果。

1.3 技能训练：气道梗阻急救法

海姆立克教授是美国一位从事外科医疗多年的医生。在临床实践中，他被大量的食物、异物造成呼吸道梗阻窒息致死的病例震惊了。在急救过程中，医生常常采用拍打病人背部或将手指伸进口腔咽喉去取的办法排除异物，其结果不仅无效，反而使异物更加深入呼吸道。海姆立克经过反复研究和多次的动物实验，终于发明了利用肺部残留气体，形成气流冲出异物的急救方法。所以这种方法也称为海姆立克急救法。

【训练项目】

海姆立克急救法。

【课时安排】

1 课时。

【分组情况】

(1) 2 人分为一组，互相扮演病人和急救人员，练习对成人和孕妇食道异物梗阻的急救。

(2) 把全班同学分为两组，分别利用婴儿急救模拟人练习婴儿食道异物梗阻的急救。

【所需器材】

婴儿急救模拟人 2 个，椅子，垫子。

【具体内容】

A 成人急救

成人急救方法如图 1-1 所示。

(1) 救护者站在受害者身后，从背后抱住其腹部，双臂围环其腰腹部。

(2) 一手握拳，拳心向内按压于受害人的肚脐和肋骨之间的部位。

(3) 另一手成掌捂按在拳头之上，双手急速用力向里向上挤压。

(4) 反复实施，直至阻塞物吐出为止。

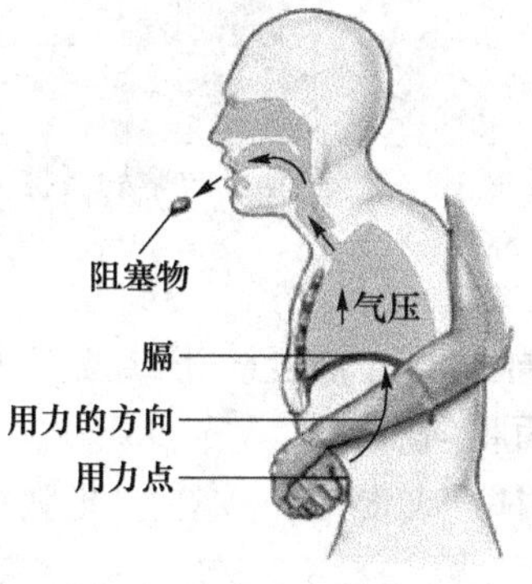

图 1-1 成人急救方法

B 自救

可采用上述成人急救 4 个步骤的后 3 个步骤，或稍稍弯下腰去，靠在一固定的水平物体上，以物体边缘压迫上腹部，快速向上冲击（见图 1-2）。反复实施，直到异物排出。

C 极度肥胖者与孕妇救援

对于极度肥胖及怀孕后期发生呼吸道异物堵塞的患者，应当采用胸部冲击

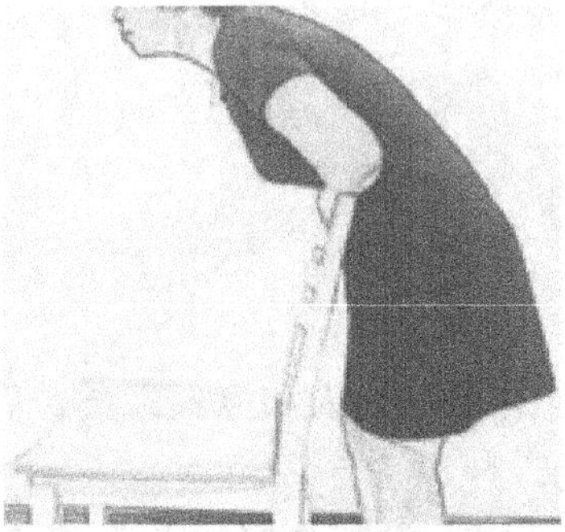

图 1-2　自救方法

法，姿势不变，只是将左手的虎口贴在患者胸骨下端即可，如图 1-3 所示。注意不要偏离胸骨，以免造成肋骨骨折。

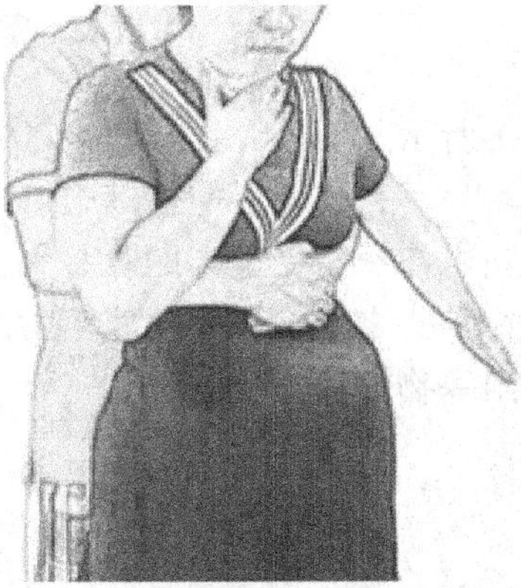

图 1-3　极度肥胖者与孕妇救援方法

D　婴儿救援

（1）使患儿平卧，面向上，抢救者跪下或立于其足侧。或取坐位，使患儿骑在抢救者的两大腿上，面朝前。

（2）抢救者以两手的中指或食指，放在患儿胸廓下和脐上的腹部，快速向上重击压迫，但要注意力度。

（3）反复实施，直至异物排出。

【总结与讨论】

气道阻塞情况鉴别如下：

（1）气道不完全阻塞表现为：病人咳嗽剧烈，呼吸困难，面色发青紫色，常常以一手呈“V”字状，紧贴于颈前喉部。

（2）气道完全阻塞表现为：病人面色灰暗、青紫，不能说话、咳嗽及呼吸，最后窒息，呼吸停止。

思考与练习

一、选择题（标＊号为多选题）

（1）食物中毒患者如有剧烈的呕吐和腹泻等现象，要适当补充（　　），或者注射生理盐水、葡萄糖。

A 食物

B 冷饮

C 水分

D 酒

（2）误食腐败变质的肉类，可以给中毒者服用（　　）。

A 白酒

B 冷饮

C 藿香正气水

D 啤酒

（3）食物中毒人与人之间（　　）引起直接传染。

A 不会

B 会

C 一般情况下不会，特殊情况下会

D 一般情况下会，特殊情况下不会

（4）*食物中毒的发病特点是（　　）。

A 发病潜伏期短

B 发病与食物有关

C 中毒病人的临床表现相似

D 能造成人与人之间的传染

E 病情严重，常导致死亡

（5）由于田螺生存在淤泥中，其体内（　　）容易致病。

A 寄生虫

B 微生物

C 病毒

D 化工污染

（6）在食物的运输过程中，容易发生的问题是（　　）。

A 食品变质

B 食品中毒

C 食品损伤

D 食品损耗

(7) 过量食品添加剂对人类（　　）潜在的危害。

A 有

B 没有

C 一般情况下没有，特殊情况下有

D 以上答案都不对

(8) 冰箱内存放的食品有低温保鲜，可以（　　）。

A 不着急食用

B 尽快食用

C 存放很长时间后食用

D 以上答案都不对

(9)* 建议不要经常吃的食物有（　　）。

A 熏制食品

B 煎炸食品

C 烘烤食品

D 蔬菜水果

(10) 食品安全标准是（　　）的标准。

A 自愿性

B 强制性

C 科学性

D 民主性

(11)* 以下哪些进餐方式是科学的？（　　）

A 用饮料代替水

B 不吃早餐

C 按时进餐

D 不挑食，不暴饮暴食

(12) 在下列产品的标识上，（　　）产品必须注明生产日期和安全使用期或失效日期？

A 学习文具

B 五金制品

C 食品

D 音像制品

(13) 以下（　　）的做法是正确的。

A 小明食用校园周边流动摊贩上购买的肉串

B 小红食用发芽的土豆

C 小丽放学回到家后先洗手再吃饼干

D 小刚在学校周边小超市购买没有生产日期和保质期的辣条

(14) *(　　) 需要洗手。

A 处理食物前

B 上厕所后

C 处理垃圾后

D 触摸如钱币等其他物品后

(15) 食品标签上必须标注的内容有（　　）。

A 保质期

B 生产日期

C 详细的厂址及企业名称

D 以上都必须具有

(16) *下列（　　）是良好的饮食习惯。

A 荤素搭配适量

B 常饮鲜果、鲜菜汁

C 平时应少吃油炸类食物

D 常吃冷食、冷饮

二、填空题

(1) 食物中毒从致病因素看常见的有________食物中毒、________食物中毒、________食物中毒、________食物中毒、________食物中毒。

(2) 不到小摊小贩那里购买食物，防止________________________。

(3) 食物中毒一般具有发病潜伏期________，来势________，呈________性，短时间内可能有多人发病，发病曲线呈突然上升趋势。

(4) 发生食物阻塞气管时，可以采取________急救法进行急救。

(5) 发现身边的同学出现食物中毒现象，应立即拨打________呼救，报告老师或医务室。

(6) 要注意个人用餐卫生，餐前便后________，经常修剪________。

(7) "地沟油"是一种质量极差、极不卫生的________________________。

(8) 同学们要讲究个人卫生，饭前便后要________，否则容易把________从人体带到食物上。

(9) 要选择新鲜和________的食品，不要到学校周边没有证照或证照不齐全的小商贩处购买无厂名、无厂址、无出厂合格证、无生产日期和保质期的食品以及________食品。

(10) 瓜果蔬菜在生长过程中不仅会沾染病菌、病毒、寄生虫卵，而且还会有残留农药，所以在食用前要__________________。

(11) 发现出现中毒症状，可以先用________的方法，将尚未被消化吸收的有毒食物排出体外。

(12) 气道不完全阻塞表现为：病人________剧烈，呼吸困难，面色发青紫色，常常以一手呈“________”字状，紧贴于颈前喉部。

(13) 海姆立克经过反复研究和多次的动物实验，发明了利用________气体，形成气流冲出异物的急救方法。所以这种方法也称为________急救法。

三、判断题

以下哪些做法是正确健康的饮食习惯？正确的画√，错误的画×。

(1) 一日三餐，按时进餐。(　　)

(2) 早上起床晚了，因为赶时间，就不吃早饭了，中午多吃点就行了。(　　)

(3) 不偏食，不挑食，不暴饮暴食。(　　)

(4) 早上起来喝一杯白开水。(　　)

(5) 用白纸包食物。(　　)

(6) 晚餐暴饮暴食，大吃大喝。(　　)

四、简答题

(1) 什么是食物中毒？

____

____

____

____

____

(2) 食物中毒一般具有哪些临床特征？

____

____

____

____

____

(3) 如何预防食物中毒？

____

（4）科学进餐的注意事项有哪些？

（5）过度减肥对身体有什么危害？

2 人身与财产安全

校园治安是学校正常运转中的一项重要环节，与学生的切身利益息息相关。维系校园安全，使学校成为当代社会的一方净土一直是社会各界不懈努力的目标。只有安全、和谐、稳定、有序的校园才能为学生的学习生活提供有力的后勤保障，让学生把更多的精力放到学习中去，从而提高成绩。所以将校园治安看做是学校工作的重中之重毫不为过。

2.1 防范校园欺凌

校园欺凌是指同学间欺负弱小、言语羞辱及敲诈勒索甚至殴打的行为等。职业院校很有可能是学生学习生涯的最后一站，需要为毕业后步入社会奠定一定的理论和实践基础。学生在校园中不仅要学习各类课程，而且更要锻炼融入社会的各项能力，因此用“小社会”来形容职业院校也不为过。有的学生活泼好动，有的学生老实内向，有的学生沉默寡言，有的学生牙尖嘴利。物以类聚，人以群分，有些学生因为某些相同点形成了小团体，有些学生则因为与他人没有共同的兴趣点成了“独行侠”，不同的观点自然会带来不同的行为方式，因此校园欺凌出现了。

【案例 2-1】

为虎作伥

某中职院校二年级学生杨某经常向一年级新生王某索要财物，并经常让王某给其打水、扫地。王某认为新老生之间出现上述问题属于正常，自己终有一天也可以“媳妇熬成婆”，因此他在受到欺凌后并没有选择正规渠道向老师反映。错误的思想造就错误的行为，在自己零花钱有限不够“上供”的情况下，王某在杨某的唆使下，打着杨某的旗号向其他同级的新生索要财物来缓解自己的压力。于是他先向其他同地区的同学“借”来数十元钱，交给杨某，发现其他同学也没有向老师反映后，觉得尝到了甜头，于是大胆地向其他同学索要钱财达 2500 元之多。深陷其中的王某甚至用这些钱去吃喝玩乐，以为自己终于等到了“熬成婆”的这一天。最终新生周某无法忍受，向老师反映问题，老师通过层层筛查了解了上述事实。两名违纪学生一开始对上述事实并不承认，但在大量的证据面前终于无力辩驳，承认了自己的违纪事实。校方向家长如实反映了事情经过，两名学生家长向其他新生归还了财物，但此行为在校园内造成了恶劣影响，使其他学生的正常权益受到了侵害，校领导根据校规章制度认真研究后，对两名学生做出了勒令退学处理。

案例分析：(1) 杨某的行为构成了违纪，属于欺凌事件。

(2) 王某受到欺凌后本是受害者，此时若及时上报校方可以更便捷地解决问题，并且免受侵害，那么事情也就此结束了。

(3) 王某前期受到唆使向其他同学索要财物，虽构成违纪但情节尚轻，但尝到甜头的他与杨某一同挥霍勒索来的钱财，并大规模敛财，因此违纪情节变得严重。

(4) 在其他同学举报后，老师调查过程中杨某和王某二人拒不交代实情，隐瞒自己的违纪事实，属于认错态度恶劣，即使日后进行帮扶教育，仍无法保证其二人能够改过自新。

案例中杨某的违纪事实无可争议，但王某的转变实属自己思想行为导致，从受害人一步步转变为违纪者，从一开始给人扫地、打水、上交钱财，到向他人索要财物，大肆挥霍，拒不交代实情，最终受到了学校规章制度的处理。

【案例 2-2】

变味的“班级荣誉”

在学校组织的一次足球赛中，小孙没有为自己班的球队加油，而是给平时和他总在一块玩的外班的足球队加油。后来这场比赛小孙自己的班级输给了对手。小孙的同学小范把这场失利的原因归于小孙，并且添油加醋地告诉自己班足球队的同学，说小孙背叛了自己的班级，因为他破坏了班集体的团结才导致他们班输了比赛。因为输了比赛而正在气头上的同学们受到了小范的蛊惑，竟然在放学后跑到了小孙家楼下，用石头和木棍砸小孙家的窗户护栏。幸好此时小孙的爸爸在家，大声喝止了这些无理取闹的同学。但小孙的爸爸事后没有及时去学校和老师沟通这个问题，一方面因为对方人数众多，小孙受到惊吓也无法确定对方都有哪些同学；另一方面小孙的爸爸不想因为这件事再给小孙树立更多的“敌人”。但这件事并没有就此结束，在之后的很长一段时间里，这些同学把小孙定义为班里的“全民公敌”。小孙在班里的朋友越来越少，受到的不友善的目光越来越多，甚至有的激进的同学“不是故意”地向小孙吐口水，擦肩而过的时候使劲用肩膀撞小孙，踩他的鞋子。小孙因为害怕对方人多势众殴打自己，也一次次地咽下了苦水，没有向老师或家长反映自己的困境。终于有一天放学后，还没有出教室的小孙被小范等几名同学围了起来，被逼着对着写有自己班号的黑板下跪。实在忍无可忍的小孙哭着回到了家里，和家长说出了自己的经历。家长怀着满腔的怒火，向校领导反映了这件事情，最终寻衅滋事的小范等人受到了处理。

案例分析：（1）小孙虽然是班集体的一员，但是为自己的朋友加油是一件无可厚非的事情，班级凝聚力固然重要，但每个人都有权利选择支持自己喜欢的人或事。

（2）小范打着团结同学的旗号，对其他同学进行道德绑架，给正在气头上的足球队同学以错误的诱导，致使多名同学一怒之下做出了错误的举动。

（3）受到蛊惑的同学不仅去小孙家闹事，还在日后的生活中“一致对外”，此行为已经构成了校园欺凌。

（4）小孙本人和其家长本着多一事不如少一事的心态选择了错误的方式保护自己，没有及时向校方反映问题，助长了欺凌者的嚣张气焰，导致这些同学胡作非为，最终酿成严重后果。

知识链接

校园欺凌往往存在下述特点：

（1）动机简单。中职学生思想简单，往往因为一些在成年人看来微不足道的小事而胡作非为，又或者因为一些不成熟的思想而做出没有底线甚至违法乱纪的事，导致严重后果。

（2）人多势众，拉帮结派。违纪学生经常会以某种原因聚集到一起，比如相同地区、相同喜好，形成小团体后会有一种强烈的安全感，认为自己人多力量大，即使碰到其他的“帮派”自己也不会吃亏。

（3）恃强凌弱。受到欺凌的同学大多是一些弱势群体，有的没有好朋友，有的身体弱小，有的老实内向。他们面对欺凌不敢反抗，只会一味地退缩。

（4）没有寻求正确的解决途径。受到欺凌的同学甚至家长没有及时把事实真相向相关部门反映，只是一味地忍让，这样反而助长了欺凌者的嚣张气焰，认为自己的行为不会受到制裁，从而变本加厉，得寸进尺。更有甚者，诸如案例2-1中的王某，甚至渴望拥有这种“老生的权利”，从被欺凌者转化为欺凌者，最终以悲剧收尾。

可以从以下几方面防范校园欺凌：

（1）校方加强新生入学教育，让学生认真学习学校的各项奖惩制度。

（2）杜绝各类违纪行为，学生如果发现事态处于掌控之外就应该及时上报，交由老师解决。

（3）学生要学习基本法律常识，为将来步入社会做好充足准备。

（4）校方要加强学生干部的培养，提高学生干部能力。学生干部是学生和老师之间的桥梁，可以先于老师发现学生中存在的不良因素，掌控几乎全部学生的实时动态。上述两个案例如果有能力出众的学生干部，一定可以及早发现问题，及时向老师反映，从而最大程度地避免这些违纪同学的沦落，保障其他同学的合法权益不受侵害。

（5）如发现违纪行为，应严格履行校规校纪。学生有违纪行为后，应严格按照奖惩条例进行处理。如果学生已经违纪但校方没有及时处理，就是对违纪行为的纵容，是害了违纪学生本人。例如学生旷课达到一定学时却没有受到应有的处分，该学生的行为可能会变本加厉。上述两个案例中的违纪同学都是因为违纪前期没有受到处罚，导致他们认为自己可以无法无天，直至有一天出现不可挽回的后果。造成这一后果的其中一项原因就是受害者或监护人没有及时上报校方。这就要求班主任老师要经常和班里的学生及家长沟通，尽可能早地发现问题并及时处理，切忌累积违纪行为一同上报。奖惩制度是手段而非目的，旨在端正学生态度，改变不良走向。

（6）校方应细化学校各项奖惩制度，完善校规校纪，不要让心存恶念的学生有漏洞可钻。美国史特拉奖每年颁给最成功也最荒诞的诉讼案，其中有一个案例是一名男子买了辆房车后，开车回家，设定自动驾驶时速 70 英里后到后面去煮咖啡，惨遭车祸。该男子后来把汽车公司告上法庭，原因是说明书中并没有说不可以离开驾驶座去后面煮咖啡，最后成功胜诉，得到 175 万元赔偿外加一辆新车。此案件结束后，汽车公司还真的把这一条加到了说明书上。此案例虽然荒诞但值得学习，时代在发展，社会在不停地进步，如果发现有新的违纪趋势或已经发现了新的违纪行为，应当及时修改学校奖惩制度，细化各项条款，让违纪无处可躲。

知识拓展

《中华人民共和国刑法》规定，敲诈勒索公私财物，数额较大或者多次敲诈勒索的，处三年以下有期徒刑、拘役或者管制，并处或者单处罚金；数额巨大或者有其他严重情节的，处三年以上十年以下有期徒刑，并处罚金；数额特别巨大或者有其他特别严重情节的，处十年以上有期徒刑，并处罚金。

2.2 防范盗窃

盗窃是指以违法占有为目的，采用规避他人管控的方式，转移而侵占他人财物管控权的行为。中职生多在叛逆期，有些学生没有受到正确的引导，从而产生扭曲的人生观、价值观，具体表现为占有欲越来越强烈。当有一天无尽的欲望得不到满足时，便会崇尚不劳而获，从一支笔、一块橡皮，到衣服、饭卡，再到手机、钱包，一步一步走向违法犯罪。

【案例 2-3】

不翼而飞的手机

赵某于2000年9月入学，成为了一名中专生，并参加了学校的军训。军训动员期间，学校领导及班主任老师多次教育新生，要求军训期间不要携带手机，如有突发事件可以向班主任借手机联系家长。此项要求不仅有助于军事化训练，还可以有效地预防盗窃。但赵某却无视校方的要求，偷偷把手机带到学校。

汇报表演前一天晚上，赵某找到值班老师说自己价值4000余元的手机遗失。老师调查事情经过后了解到，赵某当天下午训练结束后回宿舍开始玩手机，6点去学校浴室洗澡，当时只是随手把手机放在了枕头底下便离开了宿舍，洗完澡后发现自己的手机不翼而飞。值班老师找到该宿舍的同学了解情况，学生均表示自己没有偷窃行为，也没目击到任何可疑人物（实际上有其他学生进入过宿舍，但该宿舍的同学并未如实交代）。老师无权对学生进行搜查询问，遂向当地派出所报案寻求援助。当地派出所民警来到现场，对当事人做笔录并查看监控录像，发现同班但不同宿舍的一名同学刘某在赵某洗澡期间进出过宿舍，并且手中有疑似手机的物体。民警遂叫赵某来鉴别。赵某认为此手机为自己丢失的手机，因为赵某在军训期间听到刘某说过自己并未携带手机。民警对刘某进行询问，但刘某拒不承认，对其行李进行搜查也未发现赵某遗失的手机。民警遂将刘某带回派出所进行询问并通知家长。最后在家长、老师、民警多方劝说下刘某交代了违法事实，承认自己偷走了赵某手机并将其藏到宿舍一个空铺的枕头中。之后民警寻回失物，刘某则因偷窃金额较大受到学校的开除学籍处理。

案例分析：（1）赵某无视校方的要求，擅自携带手机到校参加军训，并将手机随意放置而不是妥善保管，使得刘某有机可乘。

（2）赵某同宿舍的同学虽然目睹了刘某进出宿舍但未向老师和民警提供线索。

（3）刘某对自己的违法行为先是拒不承认，抱有侥幸心理，后来在多方的压力以及监控录像的证据下才交代事情真相，行为比较恶劣。

案例中赵某自己不遵守规章制度且防范意识极差，知情人的不作为助长了盗窃者的嚣张气焰。刘某事后说自己以前也有过类似行为，但涉案金额较小，同学最后也就自认倒霉不了了之，这使得他认为自己的行为并不会有多严重的后果，导致走到今天这一步。

知识链接

校园盗窃往往有以下明显的特点：

（1）作案学生习惯性。经调查，作案学生往往习惯盗窃诸如手机、钱包甚至是他人无意中遗失的校服、学习用品等。所以同学们应该有针对性地保管好自己容易丢失的物品，对特别容易“招贼”的物品做“特殊”照顾。

（2）作案地点集中性。作案地点往往集中在宿舍、教室、食堂三个地方。校园偷窃者往往和专业的小偷有本质上的区别，他们往往没有专业的工具和技巧，并不主动地进行盗窃，而是偶然发现机会后才进行盗窃。所以在防范时，要注意不将物品放在容易遗失的地方。

（3）作案时间规律性。作案时间大多集中在下课期间，因为学生上课时间比较规律，如果在上课期间离开教学场所实施盗窃，那么目标极易被锁定。所以下课后同学们更应该保管好自己的财物，尽量做到贵重物品不离身。如果无法随身携带，一定妥善保存。另外，与教学无关的物品，不带到学校来才是更好的选择。

作为学生，首先要遵规守纪，要认识到校规校纪不只是为了约束他们，更是用来保护他们的。老师在入学教育时应该对学生进行这方面的引导，让学生切实了解学校的良苦用心，从而发自内心地遵守规章制度。自己的财物一定要妥善保管，特别是在如今，手机价格不菲，是很多扒手的目标。而手机丢失造成的损失有时不只是一部手机的价格，甚至会牵扯到个人隐私的泄露，造成更大的财产损失。所以当手机无法携带在身边的时候，一定要放到有锁的柜子或其他安全系数较高的地方。不管是老师还是家长，都要对学生进行见义勇为、敢于担当的教育。案例 2-3 中如果目击证人早点告诉老师事情的真实情况，老师提前对刘某进行说服教育，并进行正确的引导，刘某在事情没有发展到比较恶劣的地步前就能听从老师的劝导及时悔过，也不至于在违法的泥潭里越陷越深。

知识拓展

《最高人民法院关于常见犯罪的量刑指导意见》第二百六十四条规定：盗窃公私财物，数额较大的，或者多次盗窃、入户盗窃、携带凶器盗窃、扒窃的，处三年以下有期徒刑、拘役或者管制，并处或者单处罚金；数额巨大或者有其他严重情节的，处三年以上十年以下有期徒刑，并处罚金；数额特别巨大或者有其他特别严重情节的，处十年以上有期徒刑或者无期徒刑，并处罚金或者没收财产。

2.3 防范网络诈骗

网络诈骗是指以非法占有为目的，利用互联网采用虚构事实或者隐瞒真相的方法，骗取数额较大的公私财物的行为。

【案例 2-4】

真假客服

2016 年 4 月 1 日，冯某在某知名网站买了一条裤子。第二天，一个自称是这个知名网站客服的人添加了冯某的微信，告诉冯某昨天的订单异常，随后向冯某发送了一个网址链接，称此链接是该网站的售后网址，让冯某登录此网站办理退款。冯某点击链接后按照要求输入了自己在网站的账号、姓名、密码、验证码等信息，随后手机接到短信说账户转出 5000 元。冯某一开始还不敢相信，到自己的开户行查询后才发现自己卡中的 5000 元早已经不见踪影了。

【案例 2-5】

买车奇遇

2015 年 9 月，吴某上网时无意中发现一个买卖二手汽车的网站。筛选后发现自己早就想买但一直嫌贵的帕萨特轿车仅售 3 万元，网站还为此车打上 9 成新的标签。吴某按捺不住自己内心的喜悦，立即联系了该网站客服，按照对方要求在网站上填写了个人信息并通过网上渠道向该网站支付了 500 元运费以及 500 元定金共计一千元整。3 天后，网站工作人员告知吴某工作人员已经把车子运送至吴某所在的县城，要求吴某支付余款 29000 元。吴某打款后兴致勃勃地等着去提车，但对方又找各种理由要求他再付 17250 元，吴某这才感觉到奇怪，于是向当地公安机关咨询，这才恍然大悟，知道自己是被骗了，随即报案。

【案例 2-6】

好心帮忙反被骗

2015 年 10 月，闫某正在单位工作，微信上接到了许久没有联系的朋友发来的信息，说自己的大学同学要还自己钱，但自己的银行卡前几天丢了，想先让同学把钱转到闫某卡上，然后等自己的卡办理完毕后再由闫某转给他。闫某也没多想，本着助人为乐的精神答应了。朋友又说汇款需要闫某的银行卡号、身份证及联系电话，闫某又把这些私密信息全部告诉了对方。没过几分钟，闫某的手机收到一个验证码，朋友说只要告诉他这个验证码，钱就能到账了，闫某依然没有多想就告诉了他。之后闫某收到了银行短信通知，才发现自己卡在异地消费了3500 元。

案例分析：（1）上述三名受害者均存在防范意识过于薄弱的情况。

（2）网络骗术花样繁多，层出不穷，诈骗者总会绞尽脑汁想出不同于以往的骗局来欺骗大家。

（3）案例 2-5 中的受害者以为捡到了便宜，实际上是上了骗子的当。

（4）案例 2-4 和案例 2-5 中的受害者均没有仔细阅读购物网站的建议。

（5）受害者没有定期上网或通过其他渠道去了解新型骗局的习惯。

知识链接

现如今网络已成为人们生活中必不可少的一部分，随着国内各大电商的崛起，网购以其价格便宜、涉猎面广、产品种类多、不用花时间奔波等优势条件正在逐渐代替传统的购物模式。甚至有很多人去实体商店看到了中意的产品后还要再上网去购买，因为网上的商品价格更为便宜。2016 年某知名购物网站在其举办的购物狂欢节中一天的成交额竟达到 1207 亿元人民币。广大网民沉浸在网购便捷的欢呼雀跃中，殊不知这样巨大的市场同时也催生了无数的骗子。他们利用自己的“聪明才智”想出了一个又一个的骗局。但骗术万变不离其宗，关键环节无非是非法网址、木马，利用各种借口索取密码或验证码等。因此当我们遇到这些情况时首先要提高警惕。

以案例 2-4 为例：骗子通常会用一些设备更改自己的电话号码发送信息，或打电话告诉消费者订单异常，然后向消费者发送一个和购物网站网址非常接近的网址，此网站的内部结构和真正的购物网站售后界面几乎完全一样，用以蒙骗消费者。但仔细查看网址就会发现这个网址和官方售后网址有细微不同。如果消费者在这个网站中输入了自己的信息，那么就会出现和案例 2-4 中受害者一样的情况，导致自己的财产被盗。其实各大购物网站的主页上，均有售后的链接，如果需要退换货应当直接上购物网站的官方主页去按照正规渠道退换货，或者拨打官方的客服电话把自己的情况如实反映，就可以避免如上问题。

案例 2-5 中，骗子利用消费者爱占便宜的心理施骗，先是放出虚假信息引诱不明真相的消费者上钩，再去一步步诱导消费者，让消费者以为 4S 店或二手车市场存在店面费、员工工资等隐性消费而导致价格偏高，进而相信骗子的骗局，一步步走进圈套。即使消费者在付全款之前猛然醒悟，但所谓的运费和定金也早已石沉大海，对骗子来说这绝对是笔稳赚不赔的买卖。这种骗局往往出现在大金额的网购中，例如汽车，高端手机等。如果遇到类似情况，首先要告诫自己，天上不会掉馅饼，要货比三家，去正规的汽车、手机网站比对价格，如果价格相差过于悬殊那么这很有可能是骗局。

案例 2-6 这类情况通常发生在手机遗失后，骗子用原机主的手机群发信息，使用原本看起来毫无危害的转账汇款来降低受害者的防备心。因此，我们在收到验证码的时候一定要重新树立起戒备心。一般来说，各大银行发送验证码时都会附带警告，这时切记不能将验证码告诉任何人，因为一旦对方掌握了验证码将会造成严重的后果。

有调查显示：我国网民中，中年女性网民网购总数要远远大于中年男性网民。中年女性网民往往熟知各大知名购物网站，而中年男性网民有的连支付流程都不是特别熟悉。因此诈骗者可能会利用一些虚假网站、虚假信息博得眼球之后行骗。研究显示 2015 年网络诈骗受害者性别比例中中年女性受害者占总数的 31.7%，中年男性受害者为 68.3%。由此可见被诈骗的网民中中年男性比例是远远大于中年女性的。但是鉴于男女思维模式差异，男性偏向理性思维，女性偏向感性思维，而且女性在购物方面次数多于男性，所以女性一旦陷入骗局，往往付出的代价会更大。研究表明在人均损失方面，女性受害者人均损失 5729 元，而男性人均损失 4807 元。在未来的几年里，虽然人均损失的具体金额会发生变化，但这一比例不会有太明显的变化。

近年来由于社交软件的成熟发展，有很多犯罪案例涉及社交软件。例如，在微信、QQ 空间、微博中发布各类虚假信息，输入个人资料领取网络红包。钓鱼网站也会用各种手段提高自己在搜索结果中的排名。所以我们在遇到可疑信息时应及时提高警惕，即使信息与自己的生活息息相关也应先向有关部门求证真实性。

现如今，网络诈骗不仅将消费者作为目标，甚至还将黑手伸向卖方。小吴是一名兼职微商，原本只做一些小饰品卖给朋友从中赚点差价。凭借着商品质量较好、价格公道等优势，小吴的生意越做越好。小吴微信里的好友越来越多，有的是朋友介绍来的，有的是慕名而来，这可乐坏了小吴，于是她把更多的精力投入到了网店中，网店的商品也变得丰富多样了。终于有一天，一名老客户在她的店铺里选中了好几样名贵的首饰并交付了定金，小吴准备好东西后给客户打电话，电话中客人语气听起来很着急，并告诉小吴自己的孩子生病了，要用钱给孩子看病，其他钱等给孩子看完病再转账给她，希望小吴能先发货。小吴也是一名母亲，深知孩子的重要性，电话中也明显听到了孩子的哭声，而且对方又是老顾客，已经在自己的微店多次消费，于是客套了两句便发货了。结果过了几天小吴再打电话询问尾款的时候发现对方已经停机，微信也被拉黑了。这次诈骗过程中，施骗者先是利用微信与小吴建立联系，然后多次购买便宜的物品，在小吴的心里建立良好的信用形象，最后利用小吴的同情和信任进行诈骗，得手后消失得无影无踪。

思考：结合上面的案例说说，如果你是小吴，你应该在什么时候提高警惕？接到不确定是否是诈骗电话的时候应该如何与对方沟通？

网络诈骗属违法犯罪，大家遇到网络诈骗时除了要保持清醒的头脑外，还应及时报警或向相关部门举报。这样做不仅有利于自己，而且还可以帮助公安部门有力地打击违法犯罪，让他人免受违法犯罪的侵害，还互联网一方净土。

知识拓展

《中华人民共和国刑法》第二百六十六条规定：诈骗公私财物，数额较大的，处三年以下有期徒刑、拘役或者管制，并处或者单处罚金；数额巨大或者有其他严重情节的，处三年以上十年以下有期徒刑，并处罚金；数额特别巨大或者有其他特别严重情节的，处十年以上有期徒刑或者无期徒刑，并处罚金或者没收财产。本法另有规定的，依照规定。

思考与练习

一、选择题

（1）奖惩制度是（　　），旨在端正学生态度改变不良走向，校方应细化学校各项奖惩制度，完善校规校纪，不要让心存恶念的学生有漏洞可钻。

A 处理办法

B 解决方式

C 手段而非目的

D 目的而非手段

（2）受到欺凌的同学大多是一些（　　），有的没有好朋友，有的身体弱小，有的老实内向。

A 弱势群体

B 受害者

C 不合群的同学

D 老实内向的同学

（3）学生在职业院校中不仅要学习各类课程，而且更要锻炼融入社会的各项能力，因此用（　　）来形容中高职类院校也绝不为过。

A 大学

B 鱼龙混杂

C 小社会

D 技能的摇篮

(4) 校方加强新生（　　），让学生认真学习学校的各项奖惩制度。

A 学前教育

B 理论教育

C 素质教育

D 入学教育

(5) 违纪学生经常会以某种原因聚集到一起，比如相同地区、相同喜好，形成小团体后会有一种强烈的（　　），认为自己人多力量大，即使碰到其他的“帮派”自己也不会吃亏。

A 成就感

B 安全感

C 幸福感

D 存在感

(6) 作为学生，要遵规守纪，要认识到校规校纪不只是为了（　　）他们，更是用来保护他们的。

A 管理

B 教育

C 约束

D 惩罚

(7) 盗窃是指以（　　）为目的，采用规避他人管控的方式，转移而侵占他人财物管控权的行为。

A 强迫索取

B 无故侵犯

C 非法占有

D 违法占有

(8) 校园偷窃往往和专业的小偷有本质上的区别，他们往往没有专业的工具和（　　）。

A 技术

B 技能

C 技巧

D 技艺

(9) 盗窃公私财物，数额巨大或者有其他严重情节的，处三年以上（　　）年以下有期徒刑，并处罚金。

A 5

B 6

C 8

D 10

(10) 校园盗窃行为作案时间大多集中在（　　）。

A 上课期间

B 下课期间

C 放学期间

D 团体活动期间

(11) 网络诈骗是指以（　　）为目的，利用互联网采用虚构事实或者隐瞒真相的方法，骗取数额较大的公私财物的行为。

A 违法占有

B 非法占有

C 索取财物

D 骗取信任

(12) 网络诈骗属（　　），大家遇到诈骗时除了保持清醒的头脑，还应及时报警或向相关部门举报。

A 民事纠纷

B 刑事纠纷

C 违法犯罪

D 不法行为

(13) 诈骗公私财物，数额较大的，处（　　）年以下有期徒刑、拘役或者管制，并处或者单处罚金。

A 一

B 二

C 三

D 四

(14) 如果某天你接到电话对方来电号码是 110 并自称是民警，告知你涉嫌某地犯案并能说出你的私人信息，要求你协助，此时你应该怎么办？（　　）

A 对方既然能知道我的信息那应该没有问题，应当协助民警办案。

B 挂掉电话不予理会，当做是电信诈骗。

C 挂断电话并拨打 110 报警。

D 向对方询问更多信息，以确保来电的真实性。

（15）2015 年网络诈骗受害者性别比例中女性受害者占总数的（　　）。

A 31. 7%

B 22. 4%

C 68. 3%

D 77. 6%

二、填空题

（1）校园欺凌是指同学间________、________及敲诈勒索甚至殴打的行为等。

（2）只有________、________、________、________的校园秩序才能为学生的学习生活提供有力的后勤保障，让学生把更多的精力放到学习中去，从而提高成绩。

（3）学生有违纪行为后，应严格按________进行处理，如果学生已经违纪但校方没有进行及时处理，是对违纪行为的纵容，更是害了学生本人。

（4）校园欺凌的特点是________、________、________、________。

（5）职业院校很有可能是学生学习生涯中的最后一站，需要为毕业后步入社会奠定一定的________和________基础。

（6）中职生多在________，有些学生没有受到正确的引导，从而产生扭曲的人生观、价值观，具体表现为占有欲越来越强烈。

（7）校园盗窃往往有明显的特点，如________、________、________。

（8）校园盗窃的作案地点往往集中在________、________、________三个地方。

（9）盗窃公私财物，数额较大的，或者多次盗窃、入户盗窃、携带凶器盗窃、扒窃的，处________年以下有期徒刑、拘役或者管制，并处或者单处罚金。

（10）不管是老师还是家长，都要对学生进行________、________的教育。

（11）骗术关键环节是________、________、利用各种借口索取密码或验证码等。

（12）网购后如果需要退换货应当________________，或者拨打官方的客服电话把自己的情况如实反映。

（13）诈骗公私财物，数额巨大或者有其他严重情节的，处________年以上________年以下有期徒刑，并处罚金。

（14）现如今，网络诈骗不仅将________作为目标，甚至将黑手伸向________。

（15）手机遗失后，骗子会用原机主的手机群发信息，使用原本看起来毫无危害的转账汇款来为了降低受害者的防备心，但当收到________的时候一定要从新树立起戒备心。

三、简答题

（1）结合案例 2-1 和案例 2-2，你认为造成校园欺凌的具体原因是什么？

____

（2）校园欺凌会造成怎样的后果？

（3）如果校园欺凌发生在你的身上，你会如何进行自我保护？

（4）你认为你所在的学校在规章制度方面存在哪些不完善的地方？

（5）如果你遇到特征比较明显的网络诈骗，你会怎样应对？

（6）对于“天上掉馅饼”的好事，你有什么样的认识？

（7）网络诈骗会随着时代的进步发展出新的骗局，你认为未来会出现什么样的诈骗手法？

（8）自己应该如何妥善保管自己的财物？

（9）谈谈你对学校规章制度的认识，违反校规校纪会对自己造成怎样的损失？

（10）如果自己的财物已经遗失，应该采取什么样的办法减少损失？

3 消防安全

3.1 火灾的危害与预防

火灾是指在时间或空间上失去控制的燃烧。在各种灾害中，火灾是最经常、最普遍地威胁公众安全和社会发展的主要灾害之一。人类使用火的历史与同火灾作斗争的历史是相伴相生的。人们在用火的同时，不断总结火灾发生的规律，尽可能地减少火灾及其对人类造成的危害。在遇到火灾时人们需要安全、尽快地逃生。

3.1.1 火灾的危害

【案例 3-1】

瑞海大爆炸

2015 年 8 月 12 日 23 时 30 分左右，位于天津市滨海新区天津港的瑞海公司危险品仓库发生火灾爆炸事故，造成 165 人遇难（其中参与救援处置的公安现役消防人员 24 人、天津港消防人员 75 人、公安民警 11 人，事故企业、周边企业员工和居民 55 人），8 人失踪（其中天津消防人员 5 人，周边企业员工、天津港消防人员家属 3 人），798 人受伤（伤情重及较重的伤员 58 人、轻伤员 740 人），304 幢建筑物、12428 辆商品汽车、7533 个集装箱受损。直接经济损失达 68.66 亿元。

案例分析：调查组查明，事故的直接原因是：瑞海公司危险品仓库运抵区南侧集装箱内的硝化棉由于湿润剂散失出现局部干燥，在高温（天气）等因素的作用下加速分解放热，积热自燃，引起相邻集装箱内的硝化棉和其他危险化学品长时间大面积燃烧，最终导致堆放于运抵区的硝酸铵等危险化学品发生爆炸。

调查组认定，瑞海公司严重违反有关法律法规，是造成事故发生的主体责任单位。该公司无视安全生产主体责任，严重违反天津市城市总体规划和滨海新区控制性详细规划，违法建设危险货物堆场，违法经营、违规储存危险货物，安全管理极其混乱，安全隐患长期存在。调查组同时认定，有关地方党委、政府和部门存在有法不依、执法不严、监管不力、履职不到位等问题。天津交通、港口、海关、安监、规划和国土、市场和质检、海事、公安以及滨海新区环保、行政审批等部门单位，未认真贯彻落实有关法律法规，未认真履行职责，违法违规进行行政许可和项目审查，日常监管严重缺失；有些负责人和工作人员贪赃枉法、滥用职权。天津市委、市政府和滨海新区区委、区政府未全面贯彻落实有关法律法规，对有关部门、单位违反城市规划行为和在安全生产管理方面存在的问题失察失管。交通运输部作为港口危险货物监管主管部门，未依照法定职责对港口危险货物安全管理督促检查，对天津交通运输系统工作指导不到位。海关总署督促指导天津海关工作不到位。有关中介及技术服务机构弄虚作假，违法违规进行安全审查、评价和验收等。

知识链接

3.1.1.1　毁坏财产，易造成巨大的财产损失

凡是火灾都要毁坏财物。火灾，能烧掉人们经过辛勤劳动创造的物质财富，使城镇、乡村、工厂、仓库、建筑物和大量的生产、生活资料化为灰烬；火灾，能将成千上万个温馨的家园变成废墟；火灾，能吞噬茂密的森林和广袤的草原，使宝贵的自然资源化为乌有；火灾，能烧毁文物、古建筑等诸多的稀世瑰宝，使珍贵的历史文化遗产毁于一旦。另外，火灾所造成的间接损失往往比直接损失更为严重，这包括受灾单位自身的停工、停产、停业和相关单位生产、工作、运输、通讯的停滞等带来的损失以及灾后的救济、抚恤、医疗、重建等工作所需的投入与花费。至于森林火灾、文物古建筑火灾造成的不可挽回的损失，更是难以用经济价值计算。

随着经济的发展，社会财富日益增多，火灾造成的财产损失也越来越巨大。20 世纪 50 年代我国平均每年火灾直接损失约 0.6 亿元。随着工业化和城市化的发展，火灾直接经济损失相应增加，20 世纪 60 年代到 80 年代，年平均火灾损失从 1.4 亿元上升到 3.2 亿元。改革开放后，经济社会进入了快速发展阶段，社会财富和致灾因素大量增加，火灾损失也急剧上升：20 世纪 90 年代火灾直接损失平均每年为 10.6 亿元；21 世纪前 10 年间的年均火灾损失达 16.2 亿元，为 20 世纪 80 年代年均火灾损失的 5.1 倍。近年来，通过国务院、各级人民政府以及公安机关消防机构、有关部门和社会的共同努力，我国火灾大幅度上升的趋势得到了遏制。

3.1.1.2　残害人类生命

火灾不仅使人陷于困境，它还涂炭生灵，直接或间接地残害人类生命，造成难以消除的身心痛苦。2000 年 12 月 25 日河南省洛阳市东都商厦发生火灾事故，造成309人死亡、7人受伤；2008年9月20日深圳市龙岗区舞王俱乐部发生火灾事故，造成44人死亡、88人受伤。仅2008年1月至11月份，全国共发生火灾11.9万起，死亡1198人，受伤624人。2010年7月19日乌鲁木齐市新市区河北东路仁居三巷西侧187号一自建房发生火灾，造成12人死亡，17人受伤；2012年6月30日，位于天津市蓟县城关镇文安街中昌北路的莱德商厦因库房空调电线短路引起火灾，造成10人死亡、16人受伤。这些群死群伤火灾事故的发生，给人民生命财产造成巨大损失。

3.1.1.3　破坏生态平衡

火灾不仅会毁坏财物、残害人类生命，而且还会严重破坏生态环境。如：1987年5月6日黑龙江省大兴安岭地区火灾，烧毁大片森林，延烧4个储木厂和85万立方米木材以及铁路、邮电、工商等12个系统的大量物资、设备等，烧死193人，伤171人。这起火灾使我国宝贵的林业资源遭受严重的损失，对生态环境造成了难以估量的巨大影响。1998年7月发生在印度尼西亚的森林大火持续了4个多月，受害森林面积高达150万公顷，经济损失高达200亿美元。这场大火还引发了饥荒和疾病的流行，使人们的健康受到威胁，环境遭到污染。大火所产生的浓烟使能见度大大降低，由此造成了飞机坠毁和轮船相撞事故。另外，这场大火使大量的动植物灭绝，环境恶化，气候异常，干旱少雨，风暴增多，水土流失，最主要的是导致生态平衡破坏，严重威胁人类的生存和发展。

3.1.1.4　引起不良的社会和政治影响

火灾不仅给国家财产和公民人身、财产造成巨大损失，而且还会影响正常的社会秩序、生产秩序、工作秩序、教学科研秩序以及公民的生活秩序。当火灾规模比较大，或发生在首都、省会城市、人员密集场所、经济发达区域、有名胜古迹等地方时，将会产生不良的社会和政治影响。有的会引起人们的不安和骚动，有的会损害国家的声誉，有的还会引起不法分子趁火打劫、造谣生事，造成更大的损失。

知识拓展

火灾的分类

火灾根据可燃物的类型和燃烧特性，分为A、B、C、D、E、F六大类。

A类火灾：指固体物质火灾。这种物质通常具有有机物质性质，一般在燃烧时能产生灼热的余烬，如木材、干草、煤炭、棉、毛、麻、纸张等发生的火灾。

B类火灾：指液体或可熔化的固体物质火灾，如煤油、柴油、原油、甲醇、乙醇、沥青、石蜡、塑料等发生的火灾。

C类火灾：指气体火灾，如煤气、天然气、甲烷、乙烷、丙烷、氢气等发生的火灾。

D类火灾：指金属火灾，如钾、钠、镁、铝镁合金等发生的火灾。

E类火灾：指带电火灾，如物体带电燃烧的火灾。

F类火灾：指烹饪器具内的烹饪物（如动植物油脂）发生的火灾。

3.1.2 火灾的预防

3.1.2.1 校园火灾

A 发生校园火灾的原因

学校内发生火灾的具体原因主要有以下这些：

（1）在宿舍内乱接乱拉电线，造成电线短路或因接头接触不良发热引起火灾。

（2）不按用电规范乱安电路的保险丝，甚至用粗铜线或铁线代替保险丝，使电路过载时或有故障时，保险丝不能及时熔断和切断，电路短路而造成电线起火。

（3）思想麻痹大意，使用电热器具后忘记关电源便离开房间，使电热器具在无人监控下长时间通电发热而引发火灾。如使用电热杯烧水，水烧干后没有切断电源，电热杯发热起火。

（4）在宿舍内违反规定使用大功率电热器，如电炉等，使电线过载发热起火。

（5）在床铺上点蜡烛照明看书，不慎引燃被褥蚊帐造成火灾。

（6）乱扔未熄灭的火柴、烟头等，引燃可燃物如纸张衣物等，引发火灾。

（7）使用汽油、酒精等易燃易爆危险品时操作不当，引起火灾。如在实验室使用酒精灯时不慎碰翻酒精灯而起火。

（8）对长期使用的电气设备、电线，疏忽安全检查及维护维修，使电气设备、电线绝缘老化，漏电短路起火。

（9）电气设备、电路的避雷设施失效，遭雷电击而引起电路电气设备起火。

（10）电灯等发热电器的安装贴近可燃物，或可燃物放置时太靠近发热的电器等，使可燃物长时间烘烤而起火。

（11）使用电气设备不当或因设备发生故障处理不及时而造成起火。

B 校园火灾事故的预防

预防火灾事故的发生，保障学校防火安全，学生要认真学习和自觉遵守《中华人民共和国消防法》和各级政府、公安消防部门制定的消防条例、规定以及学校的各项安全管理规定。在教室、实验室和车间等地，要严格按照安全管理规定、操作规程及各项制度执行，使用设备仪器前应认真检查电源、管线、火源、辅助仪器设备等是否有异常情况，是否放置得当，检查自己是否清楚操作方法与流程。只有在各项准备工作做好后，才能进行实验或其他操作。涉及使用易燃易爆危险品的实验或实习，更要注意防火安全，室内一定要保持空气流通，防止易燃易爆物质散发的气体在空气中达到爆炸发生的浓度。实验、实习场地应配有足够的灭火器材，师生要熟悉其放置地点和使用方法。离开实验、实习场地时，应按制度要求，关好电源、火源、气源、水源等，清理杂物和垃圾，摆放好各项物品等。实验、实习场地的通道要保持畅通无阻，不要将物品堆放在门口、走廊、过道等通道上。

在宿舍内，学生应严格遵守宿舍安全管理规定，不乱拉乱接电线；不使用电炉、电饭锅等大功率电器；不随意加大电路保险丝；不在宿舍内使用明火来照明；不要将易燃易爆危险品带进宿舍；发现不安全的隐患要及时向管理人员或有关部门报告，尽快加以消除；要爱护宿舍楼内的消防设施和灭火器材，不要随意移动或挪作他用，要正确掌握消防器材的使用方法；非灭火使用消防设施，必须经过学校保卫部门的批准；宿舍没人时，应关掉电器和电源开关；禁止在宿舍内用火烧东西。

3.1.2.2　家庭火灾的预防

A　厨房防火注意事项

我们在厨房生火做饭时，要特别小心谨慎，因为厨房是动用明火较多的地方，稍有不慎，极易引发火灾。

(1) 使用煤气、液化气时，要有人看管，做到点火后不离人，防止火焰意外熄灭而造成煤气、液化气泄漏。

(2) 使用带安全熄火保护装置的安全型灶具，不用时一定要关闭气源，防止漏气，发生火灾、爆炸事故。

(3) 不存放可燃物。煤气灶旁严禁存放汽油、煤油等易燃液体和木柴、纸盒等可燃物。液化气瓶要远离火源、热源，钢瓶严禁卧放，严禁随意倾倒液化气残液。

(4) 发现燃气泄漏，要迅速关闭气源阀门，打开门窗通风，切勿触动电器开关和使用明火，并同时请专业维修人员来修理。

(5) 加热的油锅要有人看管，不要长时间远离。由于食油在锅内被加热到450℃左右时就会发生自燃，因此，油锅不可加热时间太长，以防自燃。

(6) 在炉灶上煨炖食物时，汤不宜太满，防止因汤水沸腾时溢出锅外，熄灭灶火，造成漏气，起火。

B　明火照明防火注意事项

从明火危害的特征来看，它只要与低燃点的可燃物稍一接触，就能立时引发燃烧。居民家庭中的棉被、服装、报纸、书籍等等，都属于明火作用下一触即发的可燃物。在这样的环境中使用明火寻物，纵然有几分小心，恐怕也难免有疏漏于万一的险象发生。当手持随风飘曳的烛火寻觅所需物品时，人的注意力多半只会集中在所要寻找的东西上，而对明火致灾的警惕性势必有所放松，以至持烛不慎，触发近旁可燃物起火的危险性相应增大。此外，那些余火未烬的火柴梗也会诱发火灾。

C　阳台走道防火注意事项

阳台是住房建筑的一部分，和防火有着密切的关系。如果住房失火，楼梯和过道又被烟火封闭时，人们可利用阳台暂避，等待救援。楼下着火时，阳台还可阻挡火焰从窗口向上蔓延。但在现实生活中，有的人却把阳台当做杂物间使用，在阳台上堆放木板、纸盒、废旧报纸等各类杂物，更有甚者将汽油存放在阳台之上。所有这些，都是非常危险的火险隐患。如遇燃放烟花爆竹或楼上扔下的烟头等飞来的火种，阳台就成为火灾蔓延的媒介，从而“引火烧房”。

走道平时用于通行，发生灾难时用于逃生。可也有的家庭为了多占一些空间，在公用走道部位堆放纸板箱、废旧家具等杂物，这不仅妨碍了日常通行，而且在火灾发生时，也堵塞了生命通道。因此，要保持走道的畅通无阻，为生命留下一条通道。

D　家电防火注意事项

随着社会经济的发展，居民生活水平的日益提高，家用电器越来越多地进入了广大居民家庭。居民家庭火灾的一个重要起因——电器火灾也凸显在人们面前。据消防部门统计，电器火灾已成为现代城市居民家庭火灾的重要源头，由于家用电器设备老化和使用不当引起的火灾，约占火灾总数的20%以上。因此，预防和减少电器火灾刻不容缓。

（1）电视机。

1）电视机要放在良好的通风散热处。

2）不要仅用遥控器长期关闭电视，看完电视后要切断电源、拔掉插头。

3）收看电视时间不宜过长。

4）雷雨天尽量少看电视，不要使用室外天线。

5）电视机安装要稳固，防止掉落发生爆炸起火。

（2）电冰箱。

1）不可将汽油、酒精、胶粘剂等易燃、易爆物品放入冰箱，以免引起爆炸。

2）冰箱不能在有可燃性气体的环境中使用，不能在冰箱旁使用易燃性的喷漆。

3）要安放在良好的通风散热位置。

（3）空调器。

1）空调器应安装保护装置，万一发生故障，保护装置可以及时切断电源。

2）使用空调器时，应严格按照空调器使用要求操作。

3）空调器导线应留有足够的富余量，并选择适当的电源保险，以防超负荷。

4）空调器周围不得堆放易燃物品，窗帘不能搭在窗式空调器上。

（4）洗衣机。

1）不要将刚使用汽油等易燃液体擦洗过的衣服放入洗衣机清洗。应该先将衣服拿到空气流动的室外去吹干，待衣服纤维中所吸收的易燃液体完全挥发后，再用洗衣机洗涤。

2）若洗衣机一次投入衣物过多，或波轮被绳带、发卡等小物件卡住，都会使电机负荷过大，甚至停止转动，进而导致线路过热发生短路而起火，使用时也应注意。

（5）电热毯。

1）不买粗制滥造、无安全措施、未经检查合格的产品，以防止因质量低劣，特别是接头连接不当而造成事故。

2）使用前应仔细阅读说明书，特别要注意使用电压，千万不要把 36 伏的低压电热毯接到 220 伏的电压线口上。进口电热毯也有 100 伏或者 110 伏的，使用时不可疏忽大意。

3）电热毯第一次使用或长期搁置后再次使用，应在有人监视的情况下先通电 1 小时左右，检查是否安全。

4）折叠电热毯时不要在固定位置折叠。不要在沙发上、席梦思上和钢丝床上使用直线型电热线电热毯，这种电热毯只宜在木板床上使用。

5）使用电热毯时要注意防潮，特别要防止小孩或病人尿床。

6）避免电热毯与人体直接接触，不能只在电热毯上铺一层床单，以防人体的揉搓，使电热毯堆集打褶，导致局部过热或电线损坏，发生事故。

7）电热毯脏了，只能用刷子刷洗，不能用手揉搓，以防电热线折断。

8）电热毯不用时一定要切断电源。

（6）电水壶。

1）切不可将电水壶的电源插头长期插在电源插座上，靠与插头串联的开关来控制。因为这样做容易把开误认为是关，把关误认为是开。

2）电水壶一定要放置在不燃的基座上使用，周围不得有其他可燃物。

3）清洗电水壶要小心，不要使水流入电水壶的电气部分。

（7）家用电熨斗。

1）通电使用电熨斗时，操作人员不要轻易离开。在熨烫衣物的间歇，要把电熨斗竖立放置或放置在专用的电熨斗架上，切不可放在易燃的物品上，也不要把电熨斗放在下面有可燃物的铁板或砖头上。

2）不要随意乱放刚断电的电熨斗，要待它完全冷却后再收存起来。

3）使用普通型电熨斗时切勿长时间通电，以防电熨斗过热，烫坏衣物，引起燃烧。不同织物有不同的熨烫温度，而且差别甚大。因而熨烫各类织物时宜选用调温型电熨斗。但必须注意，当调温型电熨斗的恒温器失灵后要及时维修，否则温度无法控制，容易引起火灾。

4）不要使电熨斗的电源插口受潮，要保证插头与插座接触紧密。

5）电熨斗供电线路导线的截面不能太小，不能与家用电器同用一个插座，也不要与其他耗电功率大的家用电器同时使用，以防线路过载引起火灾。

（8）电吹风。

1）电吹风通电后，人不能离开，更不能随便搁置在台凳、沙发、床垫等可燃物上。

2）通电的电热丝属于明火管理范围。严禁在禁火场所尤其是易燃火灾危险场所使用电吹风。

3）要养成使用完毕，立即将电源线从电源插座上拔下的习惯，特别是遇到停电或电吹风出现故障时，更应如此。

3.2　常见的消防器材与灭火方法

【案例 3-2】

无人会用的灭火器

李某于某日傍晚和朋友一起喝酒，酩酊大醉，酒洒在衣襟上也毫无知觉。朋友为他点燃一支香烟，由于醉酒，他不慎将烟掉在胸前，引燃衣服。李某情急下起身围着饭桌奔跑同时用手扑打身上火焰。饭店灭火器就立于桌边墙角，但同桌人无人会使用，只能选择打水灭火，1 分钟后火才熄灭。事后李某就医，身体表皮烧伤面积 70%。

案例分析：人身体着火后，千万不要奔跑，因为奔跑产生的风有助于燃烧。应立即就地打滚，阻止火焰与空气接触，切断火源。如用水灭火，水遇热产生水蒸气，产生的高温容易烫伤皮肤，造成二次伤害，应选用适当的灭火器材对人身体进行灭火。因此，了解灭火器材，选择正确的灭火方法，十分重要。

知识链接

3.2.1 常见的灭火器材

3.2.1.1 简易灭火工具

我们身边常见的一些物件可以成为灭火的简易工具，如黄沙、泥土、铁板、锅盖、湿棉被、水桶、衣服、扫帚等。

在火势较小、可控的范围内，可用随手可得的工具将其及时扑灭。如厨房油锅着火，可及时用锅盖盖住着火的油锅；如室外燃放烟花引起炮筒燃烧，可用黄沙或泥土覆盖燃烧的炮筒。

这些简易工具的灭火原理是隔绝空气与燃烧物的接触。简易工具与燃烧物直接接触，将燃烧物与空气隔绝，没有空气，则达不到一般物体燃烧的必要条件，进而达到灭火的效果。

简易灭火工具一般用于火灾发生初期的扑救，其种类多，取用方便。

3.2.1.2 灭火器

A 分类

(1) 泡沫灭火器。泡沫灭火器适用于扑救一般B类火灾，如油制品、油脂等火灾，也可适用于A类火灾，但不能扑救B类火灾中的水溶性可燃、易燃液体的火灾，如醇、酯、醚、酮等物质火灾，也不能扑救带电设备及C类和D类火灾。

(2) 酸碱灭火器。酸碱灭火器适用于扑救A类物质燃烧的初起火灾，如木、织物、纸张等燃烧的火灾。它不能用于扑救B类物质燃烧的火灾，也不能用于扑救C类可燃性气体和D类轻金属火灾，同时也不能用于带电物体火灾的扑救。

(3) 二氧化碳灭火器。二氧化碳灭火器适用于扑救易燃液体及气体的初起火灾，也可扑救带电设备的火灾；常应用于实验室、计算机房、变配电所，以及对精密电子仪器、贵重设备或物品维护要求较高的场所的火灾扑救。

(4) 干粉灭火器。碳酸氢钠干粉灭火器适用于易燃、可燃液体、气体及带电设备的初起火灾；磷酸铵盐干粉灭火器除可用于上述几类火灾外，还可扑救固体类物质的初起火灾。但干粉灭火器都不能扑救金属燃烧火灾。

B 使用方法

灭火器的使用方法如图3-1所示。

(1) 提起灭火器，拔掉安全栓。

(2) 根据风向，站在上风位置。

(3) 对准火苗的根部，一手握住压把，一手握住喷嘴进行灭火。

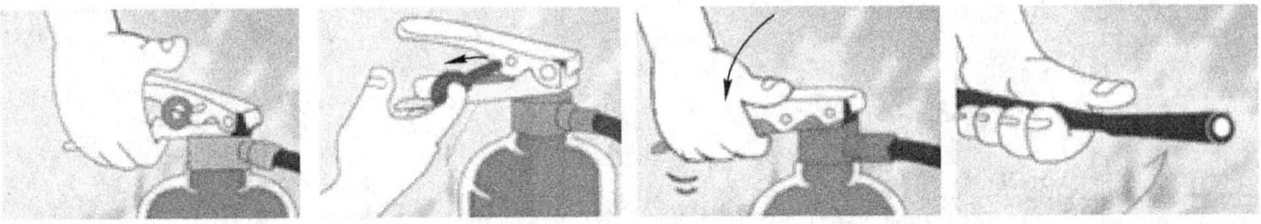
(a) (b) (c) (d)

图 3-1 灭火器的使用方法

(a) 提起灭火器；(b) 拔下保险销；(c) 用力压下手柄；(d) 对准火源根部喷射

3.2.1.3 灭火毯

A 灭火原理与适用场合

灭火毯是通过覆盖火源、阻隔空气，来达到灭火目的的，是用于企业、商场、船舶、汽车、民用建筑物等场合的一种简便的初始灭火工具，特别适用于家庭和饭店的厨房、宾馆、娱乐场所、加油站等一些容易着火的场所。灭火毯可以防止火势蔓延，也可供防护逃生用。

B 使用方法

在起火初期，用灭火毯直接覆盖住火源，火源可在短时间内扑灭。

在发生火灾时，将灭火毯披盖在自己身体上或包裹住被救对象的身体，迅速逃离火场，为自救或安全疏散人群提供了很好的帮助，可以大大减少被烧伤的危险。

3.2.1.4 消火栓

消火栓是一种固定式消防设施，主要作用是控制可燃物、隔绝助燃物、消除着火源。它分为室内消火栓和室外消火栓两种。消火栓主要供消防车从市政给水管网或室外消防给水管网取水实施灭火，也可以直接连接水带、水枪出水灭火。所以，室内外消火栓系统也是扑救火灾的重要消防设施之一。

室内消火栓的使用方法如下：

(1) 打开消火栓门，按下内部火警按钮（按钮作用为报警）。

(2) 取出水带，将水带一头连接到阀门口。

(3) 将水带另一头连接到水枪头，并携带枪头端奔向起火点。

(4) 逆时针打开阀门，待水喷出，进行灭火。

室外消火栓主要供消防车取水灭火，使用方法此处不赘述。

3.2.2 常见的消防自救器材

3.2.2.1 消防防毒面具

消防防毒面具作为个人防护器材，可对人的呼吸器官、眼睛及面部皮肤提供有效防护。

其使用方法如下：

(1) 当发生火灾时，立即沿包装盒开启标志方向打开盒盖，撕开包装袋取出呼吸装置。

(2) 沿着提醒带绳拔掉前后两个密封塞。

(3) 将呼吸器套入头部，拉紧头带，迅速逃离火场。

3.2.2.2　逃生绳

一根逃生绳可以帮助我们从阳台顺利脱险。一般建议 2~5 楼的居民在危急时使用。

其在使用时注意以下几点：

(1) 在逃生时将逃生绳捆绑在坚固的建筑上。逃生虽然匆忙，但一定要绑坚固。

(2) 逃生绳在不用时最好每隔一段打一个疙瘩，逃生时可防止手滑。

(3) 在使用逃生绳时，事先在靠近坚硬地方的绳索处绑上一些床单衣物，防止逃生过程中绳索被磨断。

3.2.3　常见的火灾报警装置

烟雾报警器是防止火灾最重要的手段之一。火灾的发生常伴随有大量的烟雾，烟雾报警器能有效探测大量烟雾进而报警，提醒人们火灾的发生。

随着社会的发展，物质财富的增加，火灾造成的危害越来越大。特别是城市，具有建筑物密、人口集中、财物集中，易燃易爆物品多等特点。一旦发生火灾与爆炸，人员伤亡大，经济损失严重，所以我们要有安全防护的意识。据调查美国 93%的家庭至少拥有一套感烟报警器。

火灾初起的烟雾会积聚在室内天花板下，烟雾报警器中的探测元件能够实时监视探测烟雾的存在，它每 45 秒左右对环境进行周期性检测，通过感应离散光源、微小的烟粒和气雾来检测，一旦检测到烟雾，烟雾报警器中的报警元件立刻输出报警声，使人们及早得知火情，将火灾扑灭在萌芽状态。

3.2.4　家庭火灾灭火方法

家庭火灾一般是由于人们疏忽大意造成的，常常事发突然，令人猝不及防，后果很严重。家庭火灾的灭火方法如下：

炒菜油锅着火时，应迅速盖上锅盖灭火。如没有锅盖，可将切好的蔬菜倒入锅内灭火。切忌用水浇，以防燃着的油溅出来，引燃厨房内的其他可燃物。

电器起火时，先切断电源，再用湿棉被或湿衣物将火压灭。电视机起火，灭火时要特别注意从侧面靠近电视机，以防显像管爆炸伤人。

酒精火锅加添酒精时突然起火，千万不能用嘴吹，可用茶杯盖或小菜碟等盖在酒精罐上灭火。

液化气罐着火，除可用浸湿的被褥、衣物等捂压外，还可将干粉或苏打粉用力撒向火焰根部，在火熄灭的同时关闭阀门。

知识拓展

不同类型火灾选择不同类型灭火器

（1）A类火灾。扑救A类火灾，可选择水型灭火器、泡沫灭火器、磷酸铵盐干粉灭火器、卤代烷灭火器。

（2）B类火灾。扑救B类火灾，可选择泡沫灭火器（化学泡沫灭火器只限于扑灭非极性溶剂）、干粉灭火器、卤代烷灭火器、二氧化碳灭火器。

（3）C类火灾。扑救C类火灾，可选择干粉灭火器、卤代烷灭火器、二氧化碳灭火器等。带电火灾包括家用电器、电子元件、电气设备（计算机、复印机、打印机、传真机、发电机、电动机、变压器等）以及电线电缆等燃烧时仍带电的火灾，而顶挂、壁挂的日常照明灯具及起火后可自行切断电源的设备所发生的火灾则不应列入带电火灾范围。

（4）D类火灾。扑救D类火灾，可选择粉状石墨灭火器、专用干粉灭火器，也可用干砂或铸铁屑末代替。

（5）F类火灾。扑救F类火灾，可选择干粉灭火器。

3.3　技能训练：火灾安全疏散

【训练项目】

火灾安全疏散。

【课时安排】

1课时。

【人员安排】

班主任（任课老师）：总指挥。

班委：每层楼安全通道安排一个，配合负责疏散。

【所需器材】

湿毛巾、湿手绢。

【具体内容】

（1）疏散负责人各负其责。

（2）班主任（任课老师）必须熟悉本班疏散方案和路线。在演练前安排好本班学生的疏散顺序：从靠近班级门口的人员开始有秩序疏散。

（3）听到模拟险情通知后，各班学生在班主任的组织下，迅速在走廊上排成两路纵队，按事先指定的路线疏散。

（4）各班有序撤离楼道（安全通道），到操场站队集合。

（5）在撤离疏散时，所有师生的正确姿势是弯腰，用湿毛巾或者用手捂住口鼻逃生。

（6）学生在疏散撤离时，要有序进行，动作迅速，始终保持肃静，途中切记不可拥挤，严格按照学校规定的路线，安全撤离到操场。

（7）班主任紧跟在全班学生疏散队伍之后；各层楼指挥跟在学生疏散队伍之后，随时处理偶发事故。

（8）安全撤离到操场后，各班班长清点人数后把班级情况报告给总指挥。

【总结与讨论】

A 火灾安全疏散的原则

（1）熟悉环境，暗记出口。当处于陌生的环境时，为了自身安全，务必要留心疏散通道、安全出口及楼梯方位等，以便关键时候能尽快逃离现场。请记住：在安全无事时，一定要居安思危，给自己预留一条通路。

（2）通道出口，畅通无阻。楼梯、通道、安全出口等是火灾发生时最重要的逃生之路，应保证畅通无阻，切不可堆放杂物或设闸上锁，以便紧急时能安全迅速地通过。请记住：自断后路，大祸将至。

（3）扑灭小火，惠及他人。当发生火灾时，如果发现火势并不大，且尚未对人造成很大威胁时，若周围有足够的消防器材，如灭火器、消火栓等，应奋力将小火控制、扑灭。千万不要惊慌失措地乱叫乱窜，置小火于不顾而酿成大灾。请记住：争分夺秒，扑灭“初期火灾”。

（4）保持镇静，明辨方向，迅速撤离。突遇火灾，面对浓烟和烈火，首先要强令自己保持镇静，迅速判断危险地点和安全地点，决定逃生的办法，尽快撤离险地。千万不要盲目地跟从人流和相互拥挤、乱冲乱窜。撤离时要注意，朝外面空旷地方跑，要尽量往楼层下面跑。若通道已被烟火封阻，则应背向烟火方向离开，通过阳台、气窗、天台等往室外逃生。请记住：人只有沉着镇静，才能想出好办法。

（5）不入险地，不贪财物。身处险境，应尽快撤离，不要因害羞或顾及贵重物品，而把逃生时间浪费在寻找、搬离贵重物品上。已经逃离险境的人员，切莫重返险地。请记住：留得青山在，不怕没柴烧。

（6）简易防护，蒙鼻匍匐。逃生时若经过充满烟雾的路线，要防止烟雾中毒和窒息。为了防止火场浓烟呛人，可采用毛巾、口罩蒙鼻，匍匐撤离的办法。烟气比空气轻而飘于上部，贴近地面撤离是避免烟气吸入、滤去毒气的最佳方法。穿过烟火封锁区时，应佩戴防毒面具、头盔、阻燃隔热服等护具，如果没有这些护具，那么可向头部、身上浇冷水或用湿毛巾、湿棉被、湿毯子等将头、身裹好，再冲出去。请记住：多件防护工具在手，总比赤手空拳好。

(7) 善用通道，莫入电梯。按规范标准设计建造的建筑物，都会有两条以上逃生楼梯、通道或安全出口。发生火灾时，要根据情况选择进入相对安全的楼梯通道。除可以利用楼梯外，还可以利用建筑物的阳台、窗台、天面屋顶等攀到周围的安全地点沿着落水管、避雷线等建筑结构中凸出物滑下楼也可脱险。在高层建筑中，电梯的供电系统在火灾中随时会断电或因热的作用电梯变形而使人被困在电梯内。同时由于电梯井犹如贯通的烟囱般直通各楼层，剧毒的烟雾将直接威胁被困人员的生命。请记住：逃生的时候，乘电梯极危险。

(8) 缓降逃生，滑绳自救。高层、多层公共建筑内一般都设有高空缓降器或救生绳，人员可以通过这些设施安全地离开危险的楼层。如果没有这些专门设施，而安全通道又被堵，救援人员不能及时赶到的情况下，可以利用身边的绳索或床单、窗帘、衣服等自制简易救生绳，并用水打湿从窗台或阳台沿绳缓滑到下面楼层或地面，安全逃生。请记住：胆大心细，救命绳就在身边。

(9) 避难场所，固守待援。假如用手摸房门已感到烫手，此时一旦开门，火焰与浓烟势必迎面扑来。逃生通道被切断且短时间内无人救援时，可采取创造避难场所、固守待援的办法。首先应关紧迎火的门窗，打开背火的门窗，用湿毛巾或湿布塞堵门缝或用水浸湿棉被蒙上门窗然后不停用水淋透房间，防止烟火渗入，固守在房内，直到救援人员到达。请记住：坚盾何惧利矛。

(10) 缓晃轻抛，寻求援助。被烟火围困暂时无法逃离的人员，应尽量待在阳台、窗口等易于被人发现和能避免烟火近身的地方。在白天，可以向窗外晃动鲜艳衣物，或外抛轻型晃眼的东西；在晚上即可以用手电筒不停地在窗口闪动或者敲击东西，及时发出有效的求救信号，引起救援者的注意。请记住：充分暴露自己，才能争取有效的救助。

(11) 火已及身，切勿惊跑。火场上的人如果发现身上着了火，千万不可惊跑或用手拍打。当身上衣服着火时，应赶紧设法脱掉衣服或就地打滚，压灭火苗；能及时跳进水中或让人向身上喷灭火剂就更有效了。请记住：就地打滚虽狼狈，烈火焚身可免除。

(12) 跳楼有术，虽损求生。跳楼逃生，也是一个逃生办法，但应该注意的是：只有在消防队员准备好救生气垫并指挥跳楼时或楼层不高（一般4层以下），非跳楼即烧死的情况下，才采取跳楼的方法。跳楼也要讲技巧，跳楼时应尽量往救生气垫中部跳或选择有水池、软雨篷、草地等方向跳；如有可能，要尽量抱些棉被、沙发垫等松软物品或打开大雨伞跳下，以减缓冲击力。如果徒手跳楼一定要扒窗台或阳台使身体自然下垂跳下，以尽量降低垂直距离。落地前要双手抱紧头部身体弯曲卷成一团，以减少伤害。请记住：跳楼不等于自杀，关键是要有办法。

(13) 身处险境，自救莫忘救他人。任何人发现火灾，都应尽快拨打“119”电话呼救，及时向消防中心报警。火场中的儿童和老弱病残者，他们本人不具备或者丧失了自救能力，在场的其他人除自救外，还应当积极救助他们尽快逃离险境。

每个人对自己工作、学习或居住所在的建筑物的结构及逃生路径都要做到了然于胸，必要时可集中组织应急逃生预演，使大家熟悉建筑物内的消防设施及自救逃生的方法。这样，火灾发生时，就不会觉得走投无路了。

B 火灾逃生时的常见错误

(1) 冒险跳楼逃生。发生火灾时，当选择的逃生路线被大火封死，火势愈来愈大、烟雾愈来愈浓时，人们很容易失去理智。此时，切记不要跳楼、跳窗，而应另谋生路，万万不可盲目采取冒险行为。

(2) 从高处往低处逃生。高层建筑一旦失火，人们总是习惯性地认为，只有尽快逃到一层，跑出室外，才有生的希望。殊不知，盲目朝楼下逃生，可能自投火海。因此，在发生火灾时，有条件的可登上房顶或在房间内采取有效的防烟、防火措施，等待救援。

(3) 向光亮处逃生。在突遇火灾时，人们总是习惯向着有光、明亮的方向逃生。而这时的火场中，光亮之地正是火魔肆无忌惮地逞威之处。

(4) 盲目跟着别人逃生。当人突然面临火灾威胁时，极易因惊慌失措而失去正常的判断思维能力，第一反应就是跟着别人逃生。常见的盲目追随行为有跳窗、跳楼，逃（躲）进厕所、浴室、门角等。克服盲目追随的方法是平时要多了解与掌握一定的消防自救与逃生知识，避免事到临头没有主见。

(5) 从进来的原路逃生。这是许多人在火灾中逃生会发生的行为。因为大多数建筑物内部的道路出口一般不为人们所熟悉，一旦发生火灾，人们总是习惯沿着进来的出入口和楼道进行逃生，等发现原路被封死时，已失去最佳逃生时间。因此，当进入一幢新的大楼或宾馆等场所时，一定要对周围的环境和出入口进行必要的了解，以防万一。

C 火灾逃生时的自保方法

(1) 毛巾、手帕捂鼻护嘴法。火场烟气具有温度高、毒性大、氧气少、一氧化碳多的特点，人吸入后容易引起呼吸系统烫伤或神经中枢中毒，因此在疏散过程中，应采用湿毛巾或手帕捂住嘴和鼻（但毛巾与手帕不要超过六层厚）。注意：不要顺风疏散，应迅速逃到上风处躲避烟火的侵害。由于着火时，烟气太多聚集在上部空间，具有向上蔓延快、横向蔓延慢的特点，因此在逃生时，不要直立行走，应弯腰或匍匐前进如图 3-2 所示。但石油液化气或城市煤气发生火灾时，不应采用匍匐前进方式。

图 3-2　弯腰前进

（2）遮盖护身法。确定逃生路线后，将浸湿的棉大衣、棉被、门帘子、毛毯、麻袋等遮盖在身上，以最快的速度直接冲出火场，到达安全地点。但注意，此过程要注意捂鼻护口，防止一氧化碳中毒。

（3）封隔法。如果走廊或对门、隔壁的火势比较大，无法疏散，可退入房间内，将门缝用毛巾、毛毯、棉被、褥子或其他织物封死，防止外部火焰及烟气侵入。为防止受热，可不断往织物上浇水进行冷却，从而达到抑制火势蔓延速度、延长逃生时间的目的。

如果多层楼着火，因楼梯的烟气火势特别猛烈时，可利用房屋的阳台、水溜子、雨篷逃生，也可采用绳索、消防水带或用床单撕成条连接代替，但一端要紧拴在牢固采暖系统的管道或散热气片的钩子上（暖气片的钩子）及门窗或其他重物上，再顺着绳索滑下。

思考与练习

一、选择题

（1）火灾根据可燃物的类型和燃烧特性，分为（　　）大类。

A 4

B 5

C 6

D 7

（2）A 类火灾指（　　）物质火灾。

A 固体

B 液体

C 气体

D 电器

(3) 在教室、实验室和车间等，要严格按照安全管理规定、操作规程及各项制度去做，使用设备仪器时应认真检查电源、管线、火源、辅助仪器设备等是否有（　　）情况。

A 正常

B 异常

C 紧急

D 突发

(4) 实验、实习场地应配有足够的（　　），师生应熟悉其放置地点和使用方法。

A 水

B 灭火器材

C 灭火毯

D 消防绳

(5) 冰箱不能在有（　　）的环境中使用，不能在冰箱旁使用易燃性的喷漆。

A 可燃性气体

B 空气

C 氧气

D 二氧化碳

(6) 在熨烫衣物的间歇，要把电熨斗（　　）放置或放置在专用的电熨斗架上。

A 竖立

B 平放

C 随意

D 斜放

(7) 人身体着火后，应立即（　　），阻止火焰与空气接触，切断火源。

A 奔跑

B 静坐

C 就地打滚

D 跳跃

(8) 烟雾报警器通过内部智能处理器感应离散光源、微小的烟粒和气雾来检测，一旦（　　）到烟雾，立刻输出报警声，使人们及早得知火情，将火灾扑灭在萌芽状态。

A 检测

B 感应

C 发现

D 测量

(9) 酒精火锅加添酒精时突然起火，千万不能（　　），可用茶杯盖或小菜碟等盖在酒精罐上灭火。

A 用嘴吹

B 用水浇

C 用灭火器灭

D 用沙土覆盖

(10) 带电火灾包括家用电器、电子元件、电气设备以及电线电缆等燃烧时仍带电的火灾，可选择（　　）、卤代烷灭火器、二氧化碳灭火器等。

A 干粉灭火器

B 泡沫灭火器

C 水型灭火器

D 石墨灭火器

(11) 当发生火灾时，如果发现火势并不大，且尚未对人造成很大威胁时，若周围有足够的消防器材，如灭火器、消防栓等，应奋力将小火控制、（　　）。

A 放任

B 监控

C 扑灭

D 躲避

(12) 身处险境，应尽快撤离，不要（　　）财物，不要因害羞或顾及贵重物品而错过最佳逃生时机。

A 贪恋

B 放弃

C 带走

D 丢下

(13) 为了防止火场浓烟呛入，可采用毛巾、口罩蒙鼻，（　　）撤离的办法。

A 跑步

B 直立

C 匍匐

D 跪行

(14) 发生火灾时，要根据情况选择进入相对较为安全的（　　）通道。

A 电梯

B 楼梯

C 狭窄

D 封闭

（15）跳楼逃生，也是一个逃生办法，但应该注意的是：只有在消防队员准备好救生气垫并指挥跳楼时或楼层不高，一般（　　）层以下，非跳楼即烧死的情况下，才采取跳楼的方法。

A 7

B 6

C 5

D 4

二、填空题

（1）雷雨天尽量少看电视，不要使用室外________。

（2）在宿舍内，同学们应严格遵守宿舍安全管理规定，不乱拉乱接________。

（3）要爱护宿舍楼内的消防设施和灭火器材，不要随意________或挪作他用，掌握正确使用消防器材的方法。

（4）电热毯第一次使用或长期搁置后再次使用，应在有人监视的情况下先通电________小时左右，检查是否安全。

（5）火灾，是指在时间和空间上失去控制的________造成的灾害。

（6）炒菜油锅着火时，应迅速盖上________灭火。如没有锅盖，可将切好的蔬菜倒入锅内灭火。切忌用水浇，以防燃着的油溅出来，引燃厨房中的其他可燃物。

（7）扑救A类火灾，可选择水型灭火器、________、磷酸铵盐干粉灭火器、卤代烷灭火器。

（8）本章共介绍了________种灭火器。

（9）烟雾报警器是防止火灾最重要的手段之一，它的作用是用于探测伴有大量________的火灾。

（10）在起火初期，将________直接覆盖住火源，火源可在短时间内扑灭。

（11）凡是火灾都要毁坏________。

（12）燃烧是可燃物与氧化剂发生的一种________放热反应，通常伴有光、烟或火焰。

（13）在宿舍内乱接乱拉电线，造成电线________或因接头接触不良发热引起火灾。

（14）在宿舍内违反规定使用大功率电热器，如电炉等，使电线________发热起火。

（15）使用煤气、液化气时，要有人看管，做到________后不离人。

三、简答题

（1）毛巾、手帕捂鼻护嘴法的注意事项有哪些？

（2）六类火灾分别是什么？

（3）灭火器的使用方法是什么？

（4）多层楼着火逃生时应注意什么？

（5）家庭火灾灭火方法有哪些？

(6) 如何预防校园火灾事故？

4 用电安全

4.1 触电的危害与预防

今日的世界已经是电的世界，我们几乎没有一天可以离得开电。早上，我们被用电池驱动的闹钟唤醒，开始忙碌的一天。如果有一天没有电，人们会觉得忽然变得无所适从，因为大部分的工作都要停滞。没有电，洗衣机不能用，电脑不能打，十字路口的红绿灯不能亮，等等。到了晚上，电带给人们光明，有了电，人类的夜晚不再单一、枯燥。电带来人类社会的前进飞跃，有了电，人类有了新的高效的能量驱动电器工具。电带给人类高效创造生产和生活的能源。电，是现代文明高速前进的动力源泉。电对人类的生产生活带来了极大的好处，但是有时也会危害人类。例如：人如果不小心被电击，轻者受伤，重者毙命，不适当的电磁波辐射对人体有害；如不小心，电会引起火灾，危及人的生命财产。所以作为中职生，如何正确、安全地使用电以及在电对我们造成意外伤害时如何及时处理，是我们必须掌握的本领和技能。

4.1.1 触电的危害

【案例 4-1】

用水触电

某天下午第一节课下课后，某小学的学生统一做眼保健操，五年级的班主任发现王某没有认真做操，随即处罚他擦洗教室的课桌。王某拿着抹布到洗手池洗抹布，经过洗手池附近的一处金属告示牌时不幸触电。随后校方把王某送到医院抢救，但抢救无效死亡。

案例分析：事后分析由于学校存在安全隐患，埋地线路老化，存在裸露的电线，与插入地下的金属牌的金属柱部分相连使得金属告示牌成为带电体，同时王某手持湿抹布，形成导体，他与告示牌接触，造成触电身亡。王某缺乏安全用电知识，也是造成触电事故的主观原因。

知识链接

当人体触及带电体承受过高的电压而导致死亡或局部受伤的现象称为触电。

触电对人体的伤害形式有电击和电伤两种。电击是指电流流过人体时反映在人体内部造成器官的伤害，而在人体外表不一定留下电流痕迹。电伤则是指电流流过人体时使人的皮肤受到灼伤、烤伤和皮肤金属化的伤害，严重的可致人死亡。

4.1.1.1 触电后的症状

（1）局部电灼伤。灼伤常位于电流进出人体的接触处，进口处的伤口常为一个，出口处的伤口有时不止一个。电灼伤的面积有时较小，但较深，有时可深达骨骼，大多为三度灼伤，灼伤处为焦黄色或褐黑色，伤面与正常皮肤有明显的界线。此类触电者一般神志清醒，部分触电者会出现心慌、四肢发麻、全身无力、出冷汗或恶心呕吐等现象。

（2）假死。所谓假死，即触电者暂时丧失知觉，面色苍白，瞳孔放大，脉搏、呼吸停止。假死可分为三种类型：一是心跳停止，尚能呼吸；二是呼吸停止，心跳尚存，但脉搏微弱；三是心跳、呼吸均停止。由于触电时心跳、呼吸是突然停止的，虽然中断了供血、供氧，但人体的器官还存在微弱活动，有些组织细胞的新陈代谢还在进行，加之体内重要器官未受损伤，所以只要及时进行抢救，触电假死者有被抢救成功的可能。

4.1.1.2 触电的影响因素

（1）人体电阻。在一般情况下，人体电阻可按 1000～2000 欧姆计算。人体电阻因人而异。手有毛茧、皮肤潮湿或多汗、有损伤、带有导电粉尘的电阻较小，危险性较大。

（2）电流强度。触电时，通过人体的电流越大，危险程度就越大。按照电流通过人体时的不同反应，电流大致分为感觉电流、摆脱电流和致命电流三种。感觉电流指使人体有感觉的最小电流，一般在交流 1 毫安、直流 5 毫安左右。摆脱电流指人体触电后能自主摆脱带电体的最大电流，成人一般在交流 10～15 毫安、直流 50 毫安。致命电流指危及生命的最小电流，一般认为通过人体的交流电流超过 50 毫安，就可能造成心跳和呼吸停止、昏迷，直至死亡。

（3）触电时间。触电时间越长，情绪紧张，发热出汗，人体电阻减小，危险大。若可迅速脱离电源则危险减小。

（4）电流频率。在直流和高频情况下，人体可能承受更大的电流，常用的频率在 50～60 赫兹的交流电流对人体的伤害程度最严重。

（5）电流通过的途径。电流由怎样的途径通过人体，直接决定伤害程度。

电流流经大脑、心脏、呼吸系统及中枢神经时，危险性最大。实践证明，从左手到脚是最危险的电流路径。

(6) 触电部位的压力。压力越大，接触电阻就越小，危险性就越大。

(7) 人体健康情况及精神状态。身心健康、情绪乐观的人电阻大，较安全。情绪悲观、疲劳过度的人电阻小，较危险。

4.1.1.3 发生触电事故的规律

(1) 年龄规律。年轻人较多，老年人很少。

(2) 季节性规律。雨季较多，即6~9月份较多。

(3) 电压规律。低压电比高压电多。

(4) 行业规律。冶金、建筑、建材、矿山等行业较多。

4.1.2 触电的应对措施

如果遇到触电情况，要沉着冷静、迅速果断地采取应急措施。针对不同的伤情，采取相应的急救方法，争分夺秒地抢救，直到医护人员到来。触电急救的要点是动作迅速，救护得法。发现有人触电，首先要使触电者尽快脱离电源，然后根据具体情况，进行相应的救治。

4.1.2.1 脱离电源

发生触电时，如果开关箱在附近，可立即拉下闸刀或拔掉插头，断开电源。如果距离闸刀较远，应迅速用绝缘良好的电工钳或有干燥木柄的利器(刀、斧、锹等)砍断电线，或用干燥的木棒、竹竿、硬塑料管等物迅速将电线拨离触电者。若现场无任何合适的绝缘物可利用，救护人员亦可用几层干燥的衣服将手包裹好，站在干燥的木板上，拉触电者的衣服，使其脱离电源。

对于高压触电，应立即通知有关部门停电，或迅速拉下开关，或由有经验的人采取特殊措施切断电源。

4.1.2.2 对症救治

对于触电者，可按以下三种情况分别处理：

(1) 对触电后神志清醒者，要有专人照顾、观察，情况稳定后，方可正常活动；对轻度昏迷或呼吸微弱者，可针刺或掐人中、十宣、涌泉等穴位，并送医院救治。

(2) 对触电后无呼吸但心脏有跳动者，应立即采用口对口人工呼吸；对有呼吸但心脏停止跳动者，则应立刻采用胸外心脏按压法进行抢救。

(3) 如触电者心跳和呼吸都已停止，则须同时采取人工呼吸和俯卧压背法、仰卧压胸法、心脏按压法等措施交替进行抢救。这种急救方法也称为心肺复苏法，是触电常用的急救方法。

4.1.3 触电事故的预防

（1）关闭电源开关或拔掉电源插头，尽快脱离电源。当你接触疑似带电体时，可以用手背去碰它，不要用手掌，因为如果该物体有电，当你用手背去接触，手的自然反射也会把你的手弹回来，不会造成危险，而如果用手掌接触，手掌就会被吸住而引发触电。

（2）不要用湿手或湿的物品触碰插座等有电的物品。在家时不要用湿手去开灯、关灯或触动其他电开关，而且要培养成用右手开关电源的好习惯。墙壁上接出来的多用插座都是通电的，千万不能用手指、小刀、钢笔等触、插、捅，那样是非常危险的。

（3）在室外玩耍时，千万不要爬电线杆，也不要在电线杆附近放风筝。在路上、野外或大风天气时，遇到落在地上的电线，一定要绕行，因为那可能是带着高压强电的电线，可以告诉成年人来处理。在雷雨天不要到高树及古老的建筑物下避雨，同时绝对不要将金属器物握在手中。

4.2 安全用电措施

在现代社会生活中，电能的应用非常广泛，它高效、环保，便于转换、传输、控制和分配，为人类生活和生产带来了很多的便利，有力推动着人类社会的发展。“水能载舟，亦能覆舟”，电能若使用不当，也可能造成安全事故，带来巨大的经济损失，甚至造成人身伤亡事故，所以掌握正确的用电知识，意义重大。而对于中等职业院校学生来说，特别是涉电专业的学生来说，安全用电知识更是必备的。

4.2.1 安全用电的概念

【案例4-2】

灯泡惹的祸

学生小马在家中安装灯泡，为了方便测试灯泡是否能亮，小马未关断电源。此种情况人应手持灯泡玻璃部分，但小马没有经验，错误地手持灯泡螺口部分进行旋转安装，不幸造成触电。

案例分析：首先灯泡在进行安装时要关掉电源并进行带电测试，虽然灯是关闭状态，灯座仍然带电，又由于这位同学手持灯泡导电的金属部位，造成触电。

知识链接

用电安全，简单理解就是用电过程中，不但要保证输电线路、用电设备的长期正常工作，而且更要确保人身安全。

电在造福人类的同时，对人及物也构成很大的潜在危险。如果对安全用电认识不足，对电气设备的安装、维修、使用不当，均可能造成触电事故。安全用电是衡量一个国家用电水平的重要标志之一。据统计，全国触电死亡总人数中，工业和城市居民仅占15%，而农村竟占85%。随着科学技术的发展，用电规模的扩大，人们越来越意识到安全用电的重要性。安全用电，作为一般知识，应该为一切用电人员所了解。

用电人员必须遵守有关的规章制度，采取必要的措施和手段，在保证人身及设备安全的条件下，正确使用电力。

4.2.2 常见的安全用电措施

（1）熔断器保护。熔断器根据电流的热效应原理对电路中用电器件进行保护。正常情况下，熔体相当于导线，当发生短路或过载时，因电流很大，熔体过热熔断而切断电路。使用时应注意合理选择熔体。更换已经熔断的熔体前，一定要先排除故障后再更换，不可以用粗铜丝等导线代替熔体。建议对于“一零一火”式家庭供电线路的熔断器保护，可以变火线和零线都接熔体的方式为只在火线接熔体，这样可以避免出现零线熔体熔断后供电线路及电器上带电的情况，确保安全。

（2）自动开关保护。自动开关既起开关作用，又起保护作用，是利用电磁感应和电流的热效应原理，在电源电压或者电流值不正常时自动切断电路，具有动作后可复位、不需要更换元件、动作电流可调整、工作可靠、分断力较高等优点。

（3）接地和接零保护。接地保护的基本原理是限制漏电设备对地的泄漏电流，电流一旦超过某一整定值，保护器就能自动切断电源。接零保护的原理是借助接零线路，使设备在绝缘损坏后碰壳形成短路时，利用短路电流促使线路上的保护装置迅速动作。

（4）安全电压。安全电压是指使通过人体的电流不超过允许范围的电压，其保护原理是通过对线路中可能作用于人体的电压进行限制，从而使触电时流过人体的电流受到抑制，将触电控制在无危险范围内。我国安全电压额定值的等级规定为42伏、36伏、24伏、12伏、6伏（工频有效值）。

（5）防雷避雷措施。对直击雷的防护采用装设避雷针、避雷网等措施；对于感应雷的防护要借助更专业的技术和设备，如电磁屏蔽和过电压保护器等。我们应具备一定的防雷常识，比如说雷雨天尽量待在室内，关好门窗，不使用电器，拔掉电源插头、网络线、有线电视信号线等，避免拨打手机；在野外无法躲入有防雷设施的建筑物内时，不要在离电线、大树和电杆较近的地方避雨，尽量降低身体的高度，尽可能行走于干燥处，双脚尽量靠近，减少可能出现的“跨步电压”，与地面接触越小越好，不要撑金属杆的雨伞，尽量往地势低处躲避。

4.2.3 校园用电现状

4.2.3.1 学校对于学生用电的管理水平不足

目前学校对于学生存在的不良用电习惯主要采用的是惩罚性的处理措施，缺乏对学生用电的正确引导和教育。

4.2.3.2 缺乏对学生用电安全意识的教育

学生对于用电安全方面的知识重视不足，而且多是被动接受，缺乏主动学习；而针对用电安全，尤其是宿舍用电安全的宣传，学校教育力度又严重不足，以至于学生对于基本性和常识性的用电安全缺乏必要了解。2009 年上海商学院的火灾事故就是一个惨痛教训。为此学校应该对学生切实加强安全意识，不违章用电，营造一个安全、舒适的学习氛围。应该做到：

(1) 教室用电必须做到人走灯灭，责任到人，杜绝浪费电能，严禁在教室使用电炉、微波炉等家用电器。

(2) 严禁在教室灯具、电扇等电器上悬挂覆盖饰品等易燃物品。多媒体设备、饮水机等使用完后应及时关闭电源，避免引起火灾。

(3) 教室安全用电由班级负责管理，电器设备的使用，必须由老师亲自操作，严禁学生开关电器和拆卸教室的电器接线、开关、插座等。

(4) 严禁用湿布擦洗电器，以防止意外事故发生。

(5) 凡电器或线路出现问题，必须立即停止使用并及时报告学校总务处或电工，严禁自行处理。

4.2.3.3 宿舍是校园用电安全事故的多发地

宿舍是校园用电安全事故的多发地段，也是学校安全管理工作的重点和难点。

学生宿舍用电存在安全隐患的原因除了学生安全意识淡薄外，还包括对宿舍用电安全缺乏足够的认识，学生对学校的各项安全用电管理制度持抵触态度，普遍存在侥幸心理，认为火灾不会发生在自己身边。

(1) 现在的中职学生大多为独生子女，生活常识非常欠缺，用电常识更是知之甚少，这就留下了一个很大的隐患。

（2）负责用电安全管理的部门，在执行检查时，力度不够强。学校宿舍的违规电器检查工作大多数时候都是学生干部在做，这样会形成一些死角，使得检查不深入、不细致。对查到的违规电器使用者，学校又出于对学生发展的考虑，总是对其轻描淡写地处理一下就完事了，这也表明学校的相关管理部门对安全用电工作认识不到位。

（3）由于经济发展等因素的限制，很多学校早期修建的宿舍楼存在设计时防火等方面做得不规范、内部装修大量使用易燃材料、宿舍供电线路负荷小、电源插座设计不合理或数量较少、多年使用线路老化等多方面的问题。这些问题导致宿舍楼耐火等级低，存在许多先天性的电器和火灾隐患。

4.2.4 校园安全用电措施

4.2.4.1 加强安全用电和节约用电的宣传教育

（1）学校要将加强学生用电安全管理工作、培养学生节约用电纳入议事日程，在全校师生中广泛开展宣传教育，提高师生的思想认识。

（2）各宿舍管理员、辅导员、班级生活委员要负责对所属学生安全用电和节约用电的宣传教育并做好带头作用。对宿舍管理人员进行安全知识培训，使其明白宿舍安全用电管理工作的重要性。

1）可以组织宿舍管理人员学习其他学校的安全管理经验或到出现过安全管理事故的学校吸取他们的教训，提高他们对宿舍安全用电管理的认识。

2）完善奖惩机制，使每一位宿舍管理人员都明确自己所担负的责任，和他们签订安全责任状，宿舍用电安全管理要和奖金挂钩，每月兑现安全奖励，这样可以充分调动每位管理人员的积极性。

3）加强对学生宿舍安全用电的检查力度，除了宿舍管理员坚持每天检查宿舍外，和学生走得最近的辅导员也要不定时地抽查宿舍，检查宿舍时要心细、眼尖，善于发现问题，及时解决问题。对于抓到的违规用电使用者，应该按照规定严厉处罚，可采取不准评优、警告等措施；对于屡教不改的应该予以留校察看、开除等处分，以儆效尤，绝不姑息迁就。

（3）学生会、宿管中心等管理部门要利用校园广播电视、宣传栏等进行经常性的宣传，对浪费行为和错误的用电方法进行批评教育。

（4）设置专门的课程或讲座普及用电知识，使学生掌握用电的科学知识和节电技巧，培养良好的用电习惯。

（5）定期开展消防知识普及活动，让学生掌握安全用电知识和电器火灾灭火技能。

（6）学校可以在教室或厕所等公共场所的照明用电设备开关旁加贴随手关灯宣传牌，以养成学生随手关灯习惯。

4.2.4.2 加强用电管理

(1) 学校应在充分考虑学生承受能力的基础上，继续深化推行配额用电制度，利用经济杠杆引导学生养成良好的节电意识。

(2) 学校可以尝试借助节能服务机构或其他社会力量进行节电技术改造，从经济、实用角度出发，推广使用节能型设备、技术，降低电能消耗。如在全校学生宿舍、教室、走廊等处安装照明节电器等。

(3) 加大对宿舍安全用电、节约用电的巡查力度，发现问题及时纠正，对屡教不改者加大惩治力度。通过经常的巡查，向学生表明校方对节约用电这一问题的重视，达到一定的震慑作用。

(4) 学校要对宿舍的电路设备和消防设施进行定期检修，排除安全隐患。

4.2.4.3 营造良好的安全用电和节约用电的氛围

(1) 定期开展主题相关的征文比赛、主题班会等活动，寓教于乐。同时对在安全用电和节约用电方面表现突出的班级和个人予以嘉奖。

(2) 开展诸如“节电标兵宿舍”、“安全用电模范宿舍”等评比活动，对获奖的宿舍成员进行奖励，激发学生安全用电、节约用电的热情。

(3) 充分发挥大众媒体的作用，通过评论、演讲、辩论等方式检查抨击校园浪费现象，共同反对失当的用电观念，努力倡导节约能源的校园风尚。

(4) 学校应与环保、消防等部门和组织建立良好的沟通合作机制，及时交流信息，和谐共建，合力营造良好的安全用电和节约用电的氛围。

4.2.4.4 学校实验室、实习工场安全用电常识

(1) 学生进入实验实习场所之前，必须进行安全用电教育，掌握安全用电知识和技能，明确安全用电规范并严格遵守。

(2) 实验实习场所输电线路布线安全合理，禁止私拉乱接，可以使用安全电压供电的优先采用安全电压供电，提高安全系数。

(3) 要有严格的安全用电操作制度并严格执行。

(4) 要有专人负责，严格控制好总电源，该断电时绝对断电，禁止随意通电行为。

(5) 尽量避免带电操作，不可避免时，严格执行带电操作规程，做好必要的防护措施，如佩戴绝缘手套，穿绝缘鞋、绝缘服等，强调单手操作。

(6) 对电工工具、仪器仪表等定期做好安全检查，防止因绝缘损坏造成触电。

4.3 技能训练：触电急救——心肺复苏

一旦发生触电事故，最严重的人体临床反应为心脏停搏、呼吸骤停。如果没

能得到及时正确的抢救，患者很可能发生死亡。相反，触电事故的发生还具有很强的偶然性和突发性，令人猝不及防。如果延误急救时机，死亡率是很高的。反之，若能在现场及时、正确地抢救（心肺复苏），则部分生命可以被挽救。这也提示我们，在中职学生中开展心肺复苏培训非常重要。

当人突然发生心跳、呼吸停止时，必须在4分钟内建立基础生命维持，保证人体重要脏器的基本血氧供应，直到建立高级生命维持或自身心跳、呼吸恢复为止，其具体操作即心肺复苏。

【训练项目】

用心肺复苏法抢救触电者生命。

【课时安排】

2课时。

【分组情况】

将班内学生分组，两人一组，分别进行胸外心脏按压和口对口人工呼吸。教师进行计时，计算每分钟按压次数。

【所需器材】

急救模拟人2个，两把椅子，两个垫子。

【具体内容】

一旦触电发生，第一步是使触电者迅速脱离电源（拉、切、挑、拽、垫），因为电流对人体的作用时间越长，对生命的威胁越大。脱离电源后，当施救者判定触电者呼吸和心跳停止时，应立即采用心肺复苏法就地抢救。

A　通畅气道（仰头抬额法）

凡意识丧失的患者，即使有微弱的自主呼吸，均可由于舌根回缩或坠落，不同程度地堵塞呼吸道入口处，使空气难以或无法进入肺部，这时应立即通畅呼吸道。使患者去掉枕头后仰于地面或硬板床上，解开衣领及裤带。抢救者跪于患者头侧，一手置于患者前额使其头后仰，另一手放在颈后，托起颈部，畅通呼吸道，清理口鼻腔异物或分泌物，畅通气道，如图4-1所示。

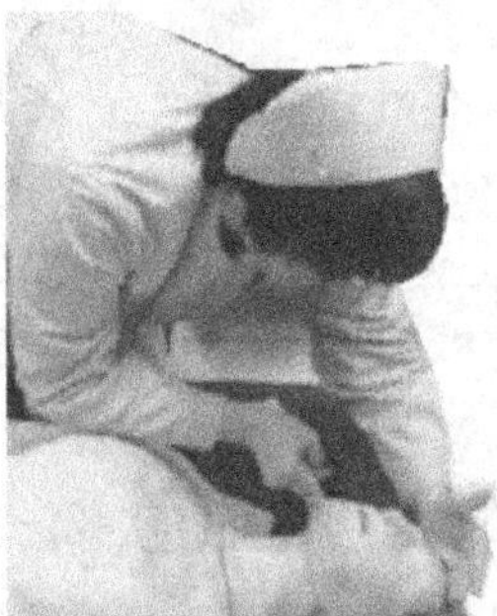

图4-1　通畅气道

B　口对口人工呼吸

口对口人工呼吸是要用一只手将病人的鼻孔捏紧以防止吹气气体从鼻孔排出而不能由口腔进入到肺内，如图 4-2 所示。深吸一口气，屏气，用口唇严密地包住昏迷者的口唇，确保不留空隙，注意不要漏气，在保持气道畅通的操作下，将气体吹入患者的口腔到肺部，如图 4-3 所示。吹气后，口唇离开，并松开捏着鼻子的手指，使气体呼出。如图 4-4 所示，观察人的胸部有无起伏，如果吹气时胸部抬起，说明气道畅通，口对口吹气的操作是正确的。口对口吹气时，应注意每次吹气量不要过大，若超过 1200 毫升可造成胃扩张；吹气时不要按压胸部，以免肺部受损伤或气体进入胃内。

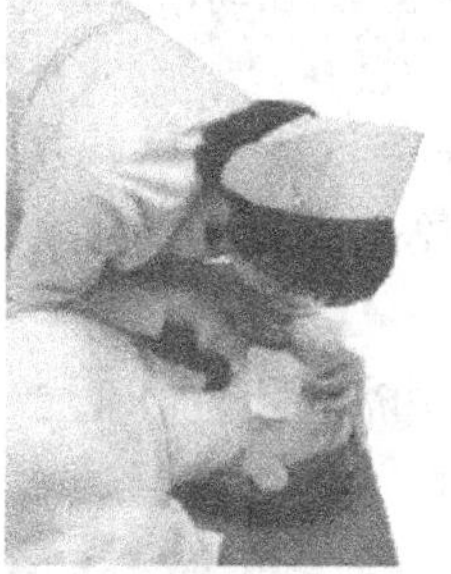

图 4-2　捏住鼻孔

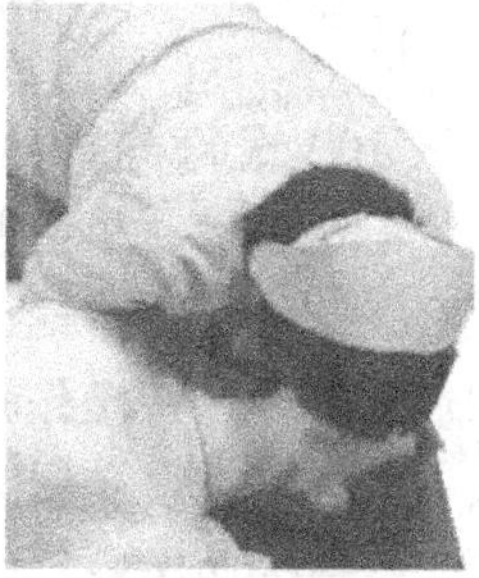

图 4-3　吹气

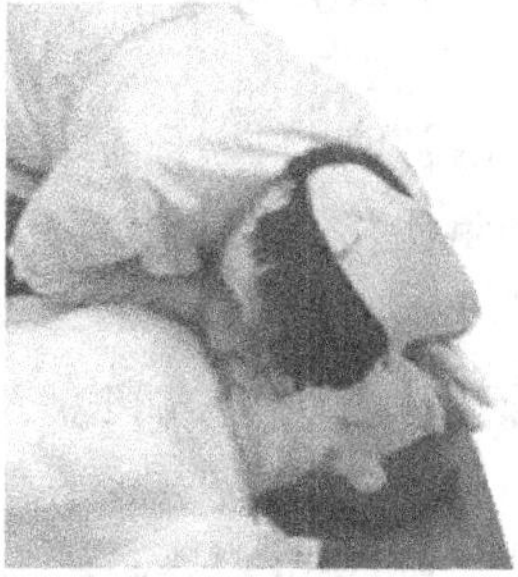

图 4-4　观察

C　心肺复苏（胸外按压）

在实施心肺复苏之前，施救者应先对患者的意识状态进行判断，确定患者的意识是否丧失，该过程应在 5～10 秒内完成。主要方法是：抢救者可轻拍或轻摇患者的肩部，高声喊叫："喂，你怎么啦？"。如果你认识患者，则最好直接呼喊其姓名，如："某某，你怎么了？"如果他没有反应，也可用刺激的方法，如用手指甲掐压患者的人中、合谷穴 6 秒钟，观察其反应。需要注意的是：患者一旦出现眼球活动或四肢活动及疼痛反应，立即停止掐压穴位。严禁摇动患者头部，以免损伤颈椎。一旦确定患者已昏迷，应立即呼救，招呼最近的老师同学。主要方法是：大声呼救"来人啊！救命啊！"招呼周围老师同学拨打 120 急救电话。需要注意的是：在拨打 120 急救电话求救时，应讲清楚事故的具体地点、求救者的回电号码、患者病情如是否昏迷腹痛等、目前治疗简况、伤病情是否得到控制。不可离开患者去呼救。在救护车来之前对其进行正确的胸外按压。

实施胸外心脏按压，首先要找准按压的位置。正确位置在胸骨下 1/2 处。将一只手的手掌根部（见图 4-5）置于按压点，另一只手的手掌根部位于前者之上，双手掌根重叠，十指相扣，使下面手的手指翘起，两臂伸直，凭自身重力通过双臂和双手掌，垂直向胸骨按压，如图 4-6 所示。

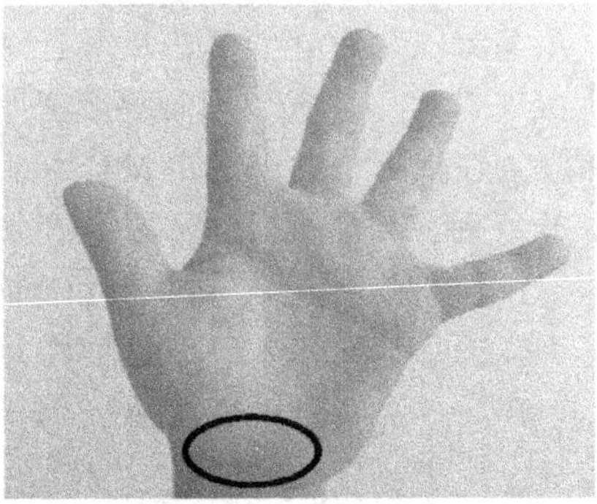

图 4-5 手掌根部

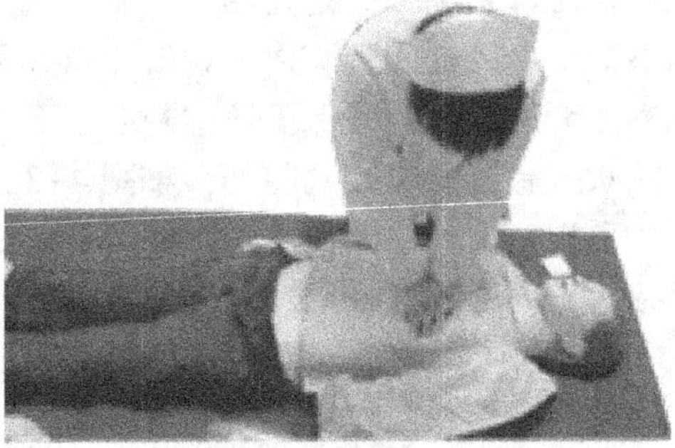

图 4-6 按压动作示范

操作时注意：按压频率不少于 100 次每分钟，推荐成人按压幅度至少 5 厘米，强调每次按压后使胸廓回弹，恢复原状，尽量避免按压的中断，避免过多过快通气。

心肺复苏分为单人和双人心肺复苏，二者操作程序略有不同。

（1）单人心肺复苏。在开放气道的情况下，由同一个抢救者顺次轮番完成口对口人工呼吸和胸外心脏按压。先进行 2 次连续吹气后，抢救者迅速回到患者胸侧，重新确定按压部位，做 30 次胸外心脏按压，然后再移至患者头侧，做口对口人工呼吸 2 次。进行 4 次循环（1 分钟内）后，再用“一看二听三感觉法”确定有无呼吸和脉搏。若无呼吸和脉搏，再进行 4 次循环，如此周而复始。如有多人在场，可轮流替换操作。

（2）双人心肺复苏。由两个抢救者分别进行口对口人工呼吸与胸外心脏按压。其中一人位于患者头侧，另一人位于胸侧。按压与人工呼吸的比值为 30∶2，即 30 次胸外心脏按压给以 2 次人工呼吸。位于患者头侧的抢救者承担监测脉搏和呼吸，以确定复苏的效果；位于胸侧的抢救者负责胸外心脏按压。

【总结与讨论】

A 现场心肺复苏有效和终止的指征

（1）心肺复苏有效的指标共分为五点。

一是瞳孔：若瞳孔由大变小，复苏有效；反之，瞳孔由小变大、固定、角膜混浊，说明复苏失败。

二是面色：由发绀转为红润，复苏有效；变为灰白或陶土色，说明复苏无效。

三是颈动脉搏动：按压有效时，每次按压可摸到 1 次搏动；如停止按压，脉搏仍跳动，说明心跳恢复；若停止按压，搏动消失，应继续进行胸外心脏按压。

四是意识：若复苏有效，可见患者有眼球活动，并出现睫毛反射和对光反射，少数患者开始出现手脚活动。

五是自主呼吸：出现自主呼吸，复苏有效，但呼吸仍微弱者应继续口对口人工呼吸。

（2）心肺复苏终止的指标。

一是病人已恢复自主呼吸和心跳。

二是确定病人已死亡。

三是心肺复苏进行30分钟以上，检查病人仍无反应、无呼吸、无脉搏、瞳孔无回缩。

B 现场救护中的注意事项

（1）按压吹气一分钟后（相当于单人抢救时做15次按压和2次吹气，15：2循环），判断伤员是否恢复生命体征。

（2）伤者若恢复脉搏，但仍然无呼吸，则可暂停胸外按压，再进行两次口对口人工呼吸，接着每隔5秒吹一次，（相当于每分钟12次）。若脉搏呼吸仍未恢复，则继续坚持心肺复苏抢救。

（3）心肺复苏过程中，施救者要每隔数分钟判断一次伤者生命体征，每次判断时间不得超过5~7秒，在120未到现场之前，施救者不得放弃现场施救。

思考与练习

一、选择题（标*号的为多选）

（1）今日的世界已经是电的世界，我们几乎没有一天可以离得开（　　）。

A 水

B 电

C 空气

（2）当人体触及带电体承受过高的电压而导致死亡或局部受伤的现象称为(　　)。

A 触电

B 溺水

C 烧伤

（3）三度灼伤，灼伤处为（　　）色或（　　）色。

A 焦黄

B 暗红

C 褐黑

(4) 人体电阻在一般情况下，人体电阻可按（　　）欧姆计算。

A 1000~2000

B 500~1000

C 2000~3000

(5)* 预防触电要注意（　　）。

A 关闭电源开关或拔掉电源插头，尽快脱离电源。

B 不要用湿手或湿的物品触碰插座等有电的物品。

C 在室外玩耍时，千万不要爬电线杆，也不要在电线杆附近放风筝。

(6) 熔断器起的保护是（　　）。

A 短路保护

B 失压欠压保护

C 缺相保护

D 电流不平衡保护

(7) 对于触电伤害，最主要的原因是有电流流过人体，所以无论是哪一种触电方式，其伤害程度主要由通过人体的（　　）情况决定。

A 电流

B 电压

C 电阻

(8) 当人突然出现心跳、呼吸停止时，必须在（　　）分钟内建立基础生命维持。

A 5

B 4

C 3

(9) 在实施心肺复苏之前，施救者应先对患者的意识状态进行判断，确定患者的意识是否丧失，该过程应在（　　）秒内完成。

A 5~10

B 4~6

C 3~5

(10) 最新的现场心肺复苏初级救生术的操作核心为（　　）。

A 胸外按压

B 开放气道

C 人工呼吸

(11) 实施胸外心脏按压，首先要找准按压的位置。正确的位置在胸骨下（　　）处。

A 1/2 处

B 1/3 处

C 1/4 处

（12）双人心肺复苏是由（　　）个抢救者分别对患者进行口对口人工呼吸与胸外心脏按压。

A 2

B 4

C 6

（13）若瞳孔由大变小，复苏（　　）。

A 有效

B 无效

C 成功

（14）出现自主呼吸，复苏有效，但呼吸仍微弱者应继续（　　）人工呼吸。

A 口对口

B 鼻对鼻

C 脸对脸

（15）正常人呼气中含氧（　　），二氧化碳（　　）。

A 16%

B 15%

C 5%

二、填空题

（1）当人体触及带电体承受过高的________而导致死亡或局部受伤的现象称为触电。

（2）触电对人体的伤害形式有________。

（3）用电安全，简单理解就是用电过程中，既要保证________、________的长期正常工作，更要确保人身安全。

（4）当人突然出现心跳、呼吸停止时，必须在________分钟内建立基础生命维持，保证人体重要脏器的基本血氧供应，直到建立________或________、________为止，其具体操作即为心肺复苏。

（5）在实施心肺复苏之前，施救者应先对患者的意识状态进行判断，确定患者的意识是否丧失，该过程应在________秒内完成。

（6）发现人员触电晕倒后可大声呼救："________!"。招呼周围老师同学拨打急救电话。需要注意的是：在拨打________急救电话求救时，应讲清楚事故的具体地点、求救者的回电号码、患者病情，如是否昏迷、腹痛等，目前治疗简况，病情或伤情是否得到控制，决不可离开患者去呼救。

(7) 若瞳孔由________变________，复苏有效；反之，瞳孔由小变大、固定、角膜混浊，说明复苏失败。

(8) 单人心肺复苏是在________的情况下，由________抢救者顺次轮番完成口对口人工呼吸和胸外心脏按压。

(9) 托下颌法是抢救者跪于患者头侧，一手置于________后仰，另一手放在________，托起颈部。

(10) 一旦触电发生，第一步是使触电者迅速脱离电源（________、________、________、________、________），因为电流对人体的作用时间越长，对生命的威胁越大。

(11) 最常见、最方便的人工呼吸方法是采取________呼吸。

(12) 触电时间越长，情绪紧张，发热出汗，人体电阻________，危险大。若可迅速脱离________则________危险小。

(13) ________，________的人电阻大，较安全。

(14) ________，________的人电阻小，较危险。

(15) 发现有人触电，首先要使触电者尽快________，然后根据具体情况，进行相应的救治。

三、简答题

(1) 简述触电的预防方法。

____

____

____

____

____

(2) 概括触电的规律。

____

____

____

____

____

____

(3) 学校实验室、实习工场安全用电常识有哪些？

____

____

(4) 常见的用电安全措施有哪些？

(5) 现场触电急救的一般步骤是什么？

(6) 心肺复苏有效的指标是什么？

5 交通安全

5.1 交通安全常识

交通安全是指人们在道路上活动时，按照交通法规的规定，安全地行车、走路，避免发生人身伤亡或财物损失。

随着我国经济的高速发展，生产用车和私家车数量增长迅速，极大地改善了国民的生活水平，增加了人们的收入，但与之俱来的是大量交通事故的发生，人员死伤数以万计，财产损失更是数以亿计。所以有人说，经济发展、交通快捷是把双刃剑，在提高人民生活水平的同时，也给人们带来许多痛苦和创伤。可是交通发展并不必然带来交通事故，交通事故的发生在很大程度上是因为人为因素，而且是可控因素。我国交通事故具有以下特点：

（1）交通事故率高：近年来，我国交通事故发生的绝对数一直呈上升趋势，交通事故总数跃居世界第一。

（2）交通死亡事故的分布特性明显：从交通方式、事故分类、死亡人数的构成来看，汽车造成的死亡占首位，摩托车次之。从汽车交通事故死亡人数构成的车属行业来看，企事业单位居首位，其次是个体联户，然后是公路运输部门。从死亡事故的成因构成来看，驾驶员责任造成的死亡事故居首位，其次是行人和骑自行车人责任造成的死亡事故比重大。

对于尚未成年的大多数中职生来说，未到法定的驾驶年龄，在学期间主动驾驶机动车概率小，但是，部分学生在家长或朋友不负责任的引导下也过了一把司机瘾，这是极其错误和危险的举动，是置自己和他人安全于不顾的恶劣行为，国家明令禁止，大家不应该以身试法。

除此之外，学生在行走、骑行和搭乘各种交通工具中亦可能出现危险行为，为了我们的自身安全，为了不辜负家庭和社会、学校的养育，我们需要了解更多的交通安全常识，使我们远离交通事故的危险。

5.1.1 行人安全常识

【案例 5-1】

都是手机惹的祸

2017 年初，一场发生在广东中山的车祸引起了市民和网友的广泛关注：一名右手接听手机的年轻女子横穿马路时，被一辆右面驶来的白色货车迅速撞倒在地，随即又被迎面而来的一辆泥头车碾压过去。

无独有偶，2017 年 6 月 1 日晚，江苏南通市区桃园路中南城路段，一名年轻女子过马路时玩手机，被一辆由东向西行驶的轿车撞飞，肇事车辆逃逸。2017 年 7 月 12 日，又发生一起因玩手机过马路导致的交通事故。事后伤者马某回忆，当时他从柳市镇柳青北路 46 号附近的斑马线经过，虽然看见马路上车来车往，但手机里的信息群太热闹了，他认为自己可以一边玩手机一边过马路，不料走了一半却被汽车撞飞。

案例分析：案例中的三人因为玩手机不看路而造成严重的交通事故，一死两伤。尽管由走路玩手机引发的交通事故时有发生，交警以及媒体也多次告诫民众不要养成过马路玩手机的习惯，可是很多人依旧不以为然，不论何时何地照玩不误，眼睛一时一刻也离不开手机画面，一些交通事故也就这样发生了。他们天真地认为，司机不会随便撞人，殊不知这只是一种侥幸心理。过马路时玩手机，后患无穷，特别是夜幕降临后，更容易发生危险。正常情况下，车子呼啸而至，行人出于安全考虑，基本都会选择避让，而且司机也都是这么判断的，因此，除了临到斑马线，司机一般不会减速。加之晚上视线不佳，如果继续玩手机过马路，行人被车辆撞的可能性也大大增加。

如今，马路上、公交上、餐桌上、车站上都是双眼紧盯手机屏幕，写微博、看新闻、看小说、发微信、玩游戏的“低头族”。姑且不论这是否有利于我们现实生活中的人际交往，但是过马路时总得抬起那“高贵”的头看看！不要拿生命开玩笑。

知识链接

（1）行人须在人行道内行走，没有人行道的要靠路边行走；行人不准在车行道上追逐、猛跑，不准在车辆临近时突然猛拐横穿。

（2）不准在道路上扒车、追车，不准强行拦车或抛物击车；不准在公路上玩耍、嬉闹。

（3）集体外出时，最好有组织、有秩序地列队行走；结伴外出时，不要相互追逐、打闹、嬉戏；行走时要专心，注意周围情况，不要东张西望，也不要边走边看书报、玩手机或做其他事情。

（4）在雾、雨、雪天，最好穿着色彩鲜艳的衣服，以便于机动车司机尽早发现目标，提前采取安全措施。

（5）穿越马路，要听从交通民警的指挥；要遵守交通规则，做到“绿灯行，红灯停”；穿越马路时，要走直线，不可迂回穿行；在没有人行横道的路段，应先看左边，再看右边，在确认没有机动车通过时才可以穿越马路；在没有交通民警指挥的路段，要学会避让机动车辆，不与机动车辆争道抢行。

（6）不要翻越道路中央的安全护栏和隔离墩。

（7）不要突然横穿马路，特别是马路对面有熟人、朋友呼唤，或者自己要乘坐的公共汽车已经进站时，千万不能贸然行事，以免发生意外。

5.1.2 驾驶非机动车的安全常识

【案例 5-2】

自行车安全不简单

小杨今年19岁，目前在一家公司做文员，以往小杨都是乘坐公交上下班，但公司前两天搬迁，离小杨租住的地方很近，他因此选择骑共享自行车回家。为了少走几百米，他选择逆行骑车，不料在路口被正常行驶的小汽车撞倒在地。好在司机和乘客及时下车报警，将小杨送医院进行检查，并垫付医药费，因救治及时，小杨没有造成更大伤害。

2017年3月26日，上海一未满12岁的男孩解开了一辆无人管理的共享单车机械锁，在骑行路上与某汽车租赁有限公司的客车相撞，被卷进车底最终导致死亡。根据交警部门出具的《道路交通事故认定书》，该男孩未满12周岁，驾驶自行车在道路上逆向行驶，且疏于观察路况，未确认安全通行，负本起事故主要责任；该汽车租赁有限公司驾驶员王某疏于观察路况，未确认安全通行，负本起事故次要责任。

案例分析：如今，共享自行车在大街小巷随处可见，已成为方便市民出行最后一公里的便捷交通方式。不过，乱停乱放、不按交规骑行等问题也为城市管理带来一些新问题，特别是自行车骑行上路造成的多起交通事故，不得不让我们反思我们欠缺的骑行规则。比如一些用户将非机动车骑上了机动车道，用没有后座的自行车骑车带人，甚至还有人不遵守交通规则，双手脱把，随意横穿马路、闯红灯行驶、逆行，这不仅对机动车行驶造成威胁，也威胁到自己的骑行安全。

知识链接

我国是世界上拥有自行车最多的国家，是世界公认的“自行车王国”。自行车轻巧灵活，车速自便，维修简单，并且不使用燃料，无废气污染，无噪声，因此特别受人青睐。但是，自行车靠骑车人用双脚踩动踏板，由链条来带动后轮向前滚动，靠双手握住车把来掌握重心、控制方向，所以稳定性和安全性差。一碰就倒，一倒人就伤。因此要掌握正确骑行自行车的方法：

（1）要经常检修自行车，保持车况完好。车闸、车铃是否灵敏、正常，尤其重要。

（2）骑自行车要在非机动车道上靠右边行驶，不逆行；转弯时不抢行、猛拐，要提前减慢速度，看清四周情况，以明确的手势示意后再转弯。

（3）经过交叉路口，要减速慢行，注意来往的行人、车辆；不闯红灯，遇到红灯要停车等候，待绿灯亮了再继续前行。

（4）骑车时不要双手撒把，不多人并骑、互相攀扶，不互相追逐、打闹。

（5）骑车时不攀扶机动车辆，不载过重的东西，不骑车带人，不在骑车时戴耳机听广播。

5.1.3 其他日常交通活动中的安全常识

【案例 5-3】

乘车安全要牢记

2016 年 8 月 1 日，一辆前门出现故障无法闭合的公交车，眼看再有四五百米就到终点站，没想到车上一名男乘客突然在车辆仍在行驶的状态下跳下车，导致头部着地。事发时男乘客看似无大碍，仅到医院进行了简单的检查包扎，没想到时隔 6 小时后传来病危消息，最后因病情严重于 5 日后死亡。

2016 年 9 月 23 日，一名在公交车上睡着的学生，因为司机刹车时该学生没有意识去抓住座位上的扶手而跌倒在地，导致头部出血，后检查为轻微脑震荡。

案例分析：公交车已经成为人们在进行社会活动时，出行的主要交通工具，特别是学生们在上下学期间，考虑到公交车的便利、绿色、安全、快捷，一般会选择乘坐公交车出行。但乘坐公交车并不是一件完全没有安全隐患的事件。乘车时，要提高安全意识，有次序上下车，在座位上坐稳或者牢牢抓住车上扶手，以免出现挤伤、刮伤、摔伤等事故。

知识链接

5.1.3.1　安全乘坐公共汽（电）车的常识

汽车、电车等机动车，是人们最常用的交通工具，为保证乘坐安全，应注意以下各点：

（1）乘坐公共汽（电）车，要排队候车，按先后顺序上车，不要拥挤。上下车均应等车停稳以后，先下后上，不要争抢。

（2）不要把汽油、爆竹等易燃易爆的危险品带入车内。

（3）乘车时不要把头、手、胳膊伸出窗外，以免被对面来车或路边树木等刮伤；也不要向车窗外乱扔杂物，以免伤及他人。

（4）乘车时要坐稳扶好，没有座位时，要双脚自然分开，侧向站立，手应握紧扶手，以免车辆紧急刹车时摔倒受伤。

（5）乘坐小轿车、微型客车时，在前排乘坐的人应系好安全带。

（6）不要在机动车道上招呼出租汽车。

5.1.3.2　安全乘坐火车的常识

乘坐火车时应注意下列几点：

（1）按照车次的规定时间进站候车，以免误车。

（2）在站台上候车，要站在站台一侧白色安全线以内，以免被列车卷下站台，发生危险。

（3）列车行进中，不要把头、手、胳膊伸出车窗外，以免被沿线的信号设备等刮伤。

（4）不要在车门和车厢连接处逗留，那里容易发生夹伤、扭伤、卡伤等事故。

（5）不带易燃易爆的危险品（如汽油、鞭炮等）上车。

（6）不向车窗外扔废弃物，以免砸伤铁路边行人和铁路工人，同时也避免造成环境污染。

（7）保管好自己的行李物品，注意防盗。

列车运行速度快，铁路交通线上情况复杂，因此要掌握安全基本常识，防止铁路交通事故的发生。例如不在铁路线和铁路道口玩耍、逗留；不钻车、扒车、跳车；需要通过铁路道口时，要听从管理人员的指挥。遇到道口栏杆（栏门）关闭，红灯亮时，表示有列车即将通过，不可强行或者钻越栏杆通过道口；通过无信号灯也无人看守的铁路道口时，必须停下来仔细观察，在确认没有列车开来时再通过。如果发现有列车开来，要退到距道口5米以外等候，等列车通过后再通过道口；不攀登电气化铁路上的接触网支柱、铁塔。

5.1.3.3 交通信号灯常识

交通信号灯分为两种，一种是用于指挥车辆的红、黄、绿三色信号灯，设置在交叉路口显眼的地方，称为车辆交通指挥灯；另一种是用于指挥行人横过马路的红、绿两色信号灯，设置在人行横道的两端，称为人行横道灯。

我国交通法规对交通信号灯做出了规定：

(1) 绿灯亮时，准许车辆、行人通行，但转弯的车辆不准妨碍直行的车辆和被放行的行人通行。

(2) 黄灯亮时，不准车辆、行人通行，但已越过停止线的车辆和已进入人行横道的行人，可以继续通行。

(3) 红灯亮时，不准车辆、行人通行。

(4) 绿色箭头灯亮时，准许车辆按箭头所示方向通行。

(5) 黄灯闪烁时，车辆、行人在确保安全的原则下可以通行。

5.2 防范交通事故

粗略统计，进入21世纪以来，我国每年因道路交通事故造成死亡的人数都在十万左右，青少年的比例接近15%。青少年是家庭的希望、祖国的未来，家庭、学校和社会必须进行有效的引导、加强防范交通事故方面的学习，这是每一所学校和整个社会的重大责任。

5.2.1 中职生交通事故高发的原因

5.2.1.1 中职生的行为特点

(1) 活泼好动，自控力差。这种活泼好动的生理特点，导致学生在通过公路和街道时，或互相追逐嬉戏或行走路线变化无常，不顾前后左右，不理车辆行人，任意穿行，极具突然性，因此发生交通事故的概率高。

(2) 好奇心强，喜欢冒险。中职学生思维简单，思想单纯，求知欲望强烈，易于产生盲目的冲动和冒险行为，如与车辆赛跑、追车扒车、骑车追逐嬉戏、胡钻乱窜、低头猛拐、骑车撒把等行为，极易诱发交通事故。

(3) 法制观念和安全意识淡薄。中职学生处在职业教育阶段，对违章的危险性没有足够的预料。在交通活动中，往往充满幼稚的自信，想跑就跑，想走就走，想过马路就立即横穿，令正常行驶的车辆防不胜防。

(4) 交通行为活动频繁。中职学生交通活动的路线虽不复杂，但是每日需数趟往返通行于学校和家庭之间的街道和公路。另外节假日和课余时间还经常上路，是参与交通活动比较频繁的群体。

(5) 交通活动特点明显。中职学生上学、放学时间性强，且基本上都是集体行动。上学放学时间又正逢上下班期间，是车辆出行高峰期，机动车流、自行车流、人流迅速交汇，交通环境非常复杂。由于中职生正处在成长阶段，身体和大脑发育并未完全健全，反应能力、判断能力、处理突发情况的能力较差，因此，发生交通事故导致学生伤亡的概率大大增加。

5.2.1.2　中职学生交通参与方式

中职学生已满12岁，允许在道路上骑行自行车。随着共享单车的迅速普及，许多之前选择走路的学生也开始骑行自行车上下学，上下学期间，大量学生充斥在道路两侧，在现有非机动车道路建设不是很完善的条件下，极易发生碰撞，特别是距离学校较远的学生还可能骑行电动自行车，车速更快，可能造成的交通事故概率更大，危害更严重。

除此之外，还有众多中职生选择乘坐公共交通工具如公交车、地铁上下学。而上下学时间又往往赶上上下班高峰期，车辆、人流量巨大，如果不注意防范危险，极易造成自身伤害，甚至引发重大交通事故。

道路交通安全宣传教育是确保道路交通安全举足轻重的一环。可随着学生信息来源渠道的多元化，单一的宣传渠道很难引起学生足够的重视，传统的中职学生道路交通安全宣传教育已远远跟不上形势的发展。部分中职学校仅仅在入学教育、寒暑假教育期间对交通安全一语带过，且多不作硬性要求。各学校基本不设立交通安全课，导致中职学生在最重要的成长阶段未能打好交通安全知识的基础。

5.2.2　防范交通事故的措施

5.2.2.1　政府要尽关爱之责

政府要将在校学生的交通安全教育纳入长期化和程序化的规划中来。《中华人民共和国道路交通安全法》（以下简称《道路交通安全法》）第四条规定：县级以上各级人民政府应当适应道路交通安全的需要，依据道路交通安全法律、法规和国家有关政策，制定道路交通安全管理规划，并加以实施。第六条规定：各级人民政府应当经常进行道路交通安全教育，提高公民道路交通安全意识。因此，在宣传贯彻新的交通安全法活动中，政府部门应主动牵头，通过建立长效管理机制，健全落实道路交通安全责任，逐级明确责任人，形成人人关心道路交通秩序、个个投身压事故保安全活动的良好氛围。

5.2.2.2　学校要尽培训之责

《道路交通安全法》第六条规定：教育行政部门，学校应当将道路交通安全纳入教育的内容。交通安全是一门学问，不可能听几次安全教育课就全部都懂，对交通法规的各项规定，也不是一下子就能理解的。因而学校有义务和责任培养中职学生遵守交通法规的良好习惯。交通安全绝不仅仅是一门知识，而是在日积月累的过程中使学生自觉地遵守，并落实到行动中的行为规范。要达到这个目的，教育部门必须尽培训之责。

5.2.2.3 家长要尽教育之责

家长应为未成年孩子避险承担责任。既要放手锻炼孩子生活自理能力，特别是遇到困难时的应急处理和避险的能力；又要教育孩子掌握一定的自我保护知识，使他们拥有健康的交通心理、良好的交通意识、正确的交通行为，促使其面对不同险情时具备相应的自救能力。与此同时，家长还应明白言教不如身教的道理，出行时时时处处遵守《道路交通安全法》，以身作则。

5.2.2.4 驾驶员要尽把关之责

发生道路交通事故的原因虽很复杂，但在道路交通安全这一系统工程中，驾驶员是基础和源头，是交通安全的第一道防线是毋庸置疑的。驾驶员素质问题解决不了或解决不好，安全管理制度就不可能落到实处。其他工作做得再多、再好，道路交通安全管理也可能会功亏一篑。驾驶员素质的提高，绝不仅仅是驾驶技能的提高，更重要的是安全知识的学习和安全意识的养成。

许多道路交通事故的教训表明，驾驶员安全知识的缺乏和安全意识的淡薄是诱发道路交通事故的重要原因。目前，驾车不系安全带、打电话、聊天等安全意识淡薄的现象非常普遍；让行理念和充分考虑其他交通参与者的意识还没有深入人心；驾驶员遵纪守法的自觉性还没有形成；更多的学车者进驾校只是为了应对考试，更快地拿到驾驶证，忽视安全驾驶知识的学习，客观上仍存在对自己和他人生命的漠视。

引导驾驶员树立安全第一、珍爱生命的良好素质，养成良好的驾驶习惯，已成为当前道路交通安全管理的首要任务，同时也是避免交通事故、确保行车安全的当务之急。

5.2.2.5 交通部门要尽监管之责

在学校周边道路设置完善的警告、限速、慢行、让行等交通标志及交通安全设施，在学校门前的道路上画人行横道线，有条件的设置人行横道信号灯。在学校周边有条件的道路设置上学、放学时段的临时停车泊位，方便接送学生车辆停放。

5.2.2.6 交通城建要尽治理之责

交通、城建部门要尽快改善中小学生安全步行的环境，对影响安全步行的因素，如步行区和车道的照明、安全穿越马路的标志以及人行道的设施等进行改进。

5.2.2.7　个人应文明出行

【案例 5-4】

马路上的“刘翔”

2017 年初，为迎接全运会的到来，展现全市市民积极向上、依法守法的精神面貌，天津市有关部门对交通不文明行为进行了集中整治，在整治过程中，发现了众多交通痼疾，比如在某些车流量比较大的路口，一些市民不仔细观察过往车辆便横穿马路，车辆在发现这些行人后，或紧急减速或匆忙变道绕行，引发后面很多车辆的连锁反应，不仅降低了车流通行效率，而且极易发生交通事故，隐患极大。另外，随意跨越中心隔离带横穿快速路也时有发生。行人只顾自己行走、不看交通指示灯的“乱穿马路”行为已成为一个社会顽疾，既导致交通事故多发，也影响了城市交通顺畅，还对城市文明氛围产生不良影响。

行人安全、文明过马路本该是最基本的常识，但在现实生活中，不按规矩通行的行为屡见不鲜，所以这里有必要介绍一下安全文明过马路的基本知识。

（1）行人通过路口或者横过马路，应当走人行横道或者过街设施。这可以说是行人道路通行的最基本要求。路口是各种机动车、非机动车和行人交汇穿插的地带，交通流量大且交通状况比较复杂，容易造成交通堵塞和交通不畅。因此，历来是交通疏导和整治的重点地区。为了保证路口的交通秩序，一般在路口都设置交通信号灯用以指示机动车、非机动车和行人的通行秩序，并且专门设有供行人通过路口的人行横道。行人在通过路口时，应当按照交通信号灯的指示走人行横道。为了使道路交通安全通畅，道路通行的参与者应当各行其道。在道路上设置的供行人专门通过的人行横道和过街天桥、地下通道等过街设施是为了尽量减少行人与车辆直接相遇而利用空间和地下划定或者建造的，行人在通过路口或横过马路时，应当尽量走这些人行横道或过街设施。

（2）行人在通过有交通信号灯的人行横道，应当按照交通信号灯指示通行。由于人行横道是划设在道路表面，与过街设施利用空间和地下避开车辆的情况不同，行人通过道路上的人行横道时与车辆的相遇不可避免，因此，这种情况就要求行人必须按照交通信号灯的指示通行。

（3）行人、非机动车通过没有交通标志的道路或路口前，应注意观察道路上机动车的通行情况，有机动车通过时，不得突然或强行横过道路或路口。在通过道路或者路口时，要注意避让机动车，做到先左看、后右看、再左看，确认安全。另外，还应注意观察道路上的非机动车和行人，友好礼让，安全通行。

【案例 5-5】

忽视安全酿惨祸

2017 年 4 月 21 日下午，一中职生小王骑自行车在横穿机动车道时，与一辆大型客车发生碰撞而受伤，后经医院抢救无效死亡。经过勘察，事故形成的主要原因是该学生横穿机动车道时未确认安全就通行。

2017 年 5 月 27 日，中职生小刘在上学的路上与轿车发生碰撞而受伤。经调查，司机未注意观察前方行人动态是造成该事故的主要原因，但刘某在设有人行横道的地段横过道路时未走人行横道，也是造成事故的原因之一。

2017 年 7 月 20 日，中职生何某与王某在放学的路上追逐打闹，在经过机动车道时未从人行横道上通过，且在横穿过程中没有注意观察来往车辆，导致二人与小轿车发生碰撞，一死一伤。

根据《中华人民共和国道路交通安全法实施条例》第七十二条规定，在道路上驾驶自行车、三轮车必须年满 12 周岁；驾驶电动自行车必须年满 16 周岁。年龄偏小的学生，无论是对车辆的掌控，还是对紧急情况的反应、处理上，与成年人相比还是较差的，过早骑车上路是比较危险的。

此外，速度快、外形酷的电动自行车，也吸引着中职生的目光，加上一些学生家离学校比较远，父母会为他们购买电动车代步，但对于这些学生，电动车可能没有那么安全。电动车速度太快，而且缺乏相应的防护能力，而渴望寻求刺激、追求个性的中职生，想的往往不是怎么样才能安全，而是怎样才够拉风，因此往往会出现骑车相互追逐的情况，这就很容易引发危险。城市道路车流量大，不管是新司机还是有多年驾驶经历的老司机，都不可能完全顾及到所有突发状况，一旦发生事故，受伤的往往是骑车人，因此，家长和老师应当加强这方面的教育。

此外，中职生玩轮滑、滑板的越来越多，这是好事，可以开发学生们的运动能力，不过，如果玩到了马路上，可就危险了。踩上滑板或者穿上轮滑鞋，没有人能保证不摔跤，而且滑板车或者轮滑鞋速度很快，一旦摔倒在地，极易造成身体伤害。还有一些学生跑到机动车道上滑行，如果有一丝不注意，就容易与车辆发生碰撞，后果非常严重。所以，中职生如果想玩这项运动，还是要到一些安全的场地。

近年来，我国加大了公共交通的建设力度，公共交通日益完善，这让我们有了更好的出行选择。大量学生在出行的时候选择乘坐公交或地铁等公共交通方式。但让我们不舒服的是，大量不文明、不安全的乘坐方式不仅影响了我们的乘坐感受，而且极易引发交通事故。在整体国民还未养成良好的公共交通出行文明行为前，作为中职生——年轻文明的力量，我们需要提前养成好的出行习惯，这不仅只是文明的需要，还是保护我们自己的必然选择。

文明出行，我们应该怎样做呢？

要在站台或指定地点等候车辆，不要站在车道上候车。车到了要按先后顺序上车，不要拥挤，不要嬉戏。这样就不会轻易受伤了。

先让老弱妇孺上车或扶助他们上车。上车的时候在前门上车，下车的时候在后门下车，避免上下车拥挤引发伤害。上车后就往后靠，不要站在前门，否则会堵塞他人上车，引发其他交通事故。

应遵守公共道德，不要在车厢内嬉戏、大声喧哗，车厢内禁止吸烟，不得随地吐痰，乱扔果皮纸屑等杂物，不得兜售商品和散发广告。

在车厢内不要和驾驶员闲谈及妨碍驾驶员正常操作，不要让驾驶员分心，否则容易发生车祸。

有空座时要扶稳坐好，不要一直玩手机或长时间睡觉，这容易在急刹车时碰撞到坚硬物体；无空座时要抓好扶手，不要倚靠车体或者前后门，避免车体颠簸时因重心失衡与身边人发生冲撞。

5.3 发生交通事故后的救护

出现交通危险或发生交通事故时，如果当事者能够迅速果断地采取应急措施和进行一些基础的救护和自救，就可以为接下来的专业救助争取时间，缓解险情，减小或者避免事故造成人员伤亡和财产损失。中职生在遇到危险时容易惊慌失措，造成二次伤害，如果我们能够掌握一些自救方法，不仅可以让我们在事故发生时减小伤害，而且还能帮助身边的人，充分展现我们中职生的优秀品质。

5.3.1 发生交通事故后的紧急处置

5.3.1.1 车落水的处理

【案例 5-6】

开车冲入水中

2017 年 6 月 11 日上午 11 时许，甘州区公安局巡特大队接到指挥中心电话：甘州区西洞干渠发现一辆落水汽车，要求前往配合救援。接到指令后，巡特警大队立即派一、二值班中队火速赶往事发现场。到现场后，队员们迅速清理现场闲杂人员，拉起警戒安全线，勘查事故现场，与现场报警等相关人员了解情况，确定车辆落水已多时，车内人员已无生还可能。经调查，该事故是由司机在经过落水区域时车速过快，发现水域后刹车不及时所致，且在落水后没有及时采取自救措施，导致车内人员全部窒息死亡。

汽车落水导致人员死亡的交通事故都有一个共同点，就是在汽车进入水中之后的很短时间内，乘客不能尽快从车中自救浮出水面，导致窒息或溺水死亡。因此，在类似的事件中，具备基本的自救常识极为关键。

当汽车不慎落水时，因事件是瞬间发生，每一秒钟都非常珍贵，当事人应抓紧时间，采取下列措施逃生：

（1）保持清醒的头脑。汽车刚落水，车内不会很快被水填满，大概有几分钟的准备时间，当事人此时不要惊慌，应迅速辨明自己所处的位置，确定逃生的路线和方案。

（2）尝试推开车门。汽车刚落水时，车门很难打开。一是因为汽车入水之前的冲击极有可能使车门变形而打不开；二是因为汽车外部水的压力较大，车门向外推不开。等水从车的缝隙中慢慢涌入，车内外的水压平衡后，即可打开车门逃生。

（3）通过车窗逃生。若车门打不开，则要尽可能找出铁锤之类的尖锐器械，把侧窗玻璃敲开。敲玻璃是有技巧的，可以尝试敲打玻璃的四个角。

（4）调整自己的呼吸。出车前当事人保证自己的呼吸很重要，要始终将口鼻保持在水面之上，当车内的水深度接近头部时，做几次深呼吸，然后出车。

（5）尽快浮上水面。如果当事人不会游泳，离车前应在车内找一些能浮的物件抓住。如果有条件，可找大塑料袋套在头上，将脖子扎紧，塑料袋内的氧气供上浮时使用。

5.3.1.2　翻车的救护

【案例 5-7】

生死就在一瞬间

2014 年 3 月 2 日 23 时许，一辆从河南荥阳开往林州的大巴客车在林州市五龙镇小虎山处坠崖，造成 20 死 13 伤。据目击人证实，该车车体已经散架，车窗和车顶完全摔没了，残余车体侧靠悬崖底部的树丛中，蓝色的座椅直接露在外面。车头的前挡风玻璃已经消失，驾驶员位置严重变形，裸露着电线和方向盘。在客车周围，散落有棉大衣和棉被。现场有比较浓烈的汽油和机油味道，车身一侧的“送文艺下乡专用车”字样十分清晰。

救援人员分析，客车在跌落过程中发生了连续翻滚，最终跌落至临近山脚地带。“当时车里一些人已经睡着了，我在玩手机。”躺在林州市中医院病床上的毛某虽然伤势较轻，但讲起事发的惊魂一刻仍然心神难定：“车上一共 33 个人，我坐在倒数第三排靠走道的位置，出事以后，我本能地把身体偏向车窗一边，几个翻滚后，就从破了的窗户中甩了出来，客车继续翻了下去。”毛某说，司机是临时找的，50 多岁。当时司机开得比较快，开得很猛，车上的人都说开慢点。但司机很自信，当出事的一刹那，司机说“踩不住刹车了”。

车辆坠崖是极其危险的交通事故，造成的伤亡一般都极其严重，我们必须提前了解这种交通事故的严重性，给予足够的重视。

当司机感到车辆不可避免地要倾翻时，应紧紧抓住方向盘，两脚勾住踏板，使身体固定，随车体旋转。如果车辆侧翻在路沟、山崖边上的时候，应判断车辆是否还会继续往下翻滚。在不能判明的情况下，应维持车内秩序，让靠近悬崖外侧的人先下，从外到里依次离开。否则，车辆产生重心偏离，会造成继续往下翻滚。

如果车辆向深沟翻滚，所有人员应迅速趴到座椅上，抓住车内的固定物，使身体夹在座椅中，稳住身体，避免身体在车内滚动而受伤。翻车时，不可顺着翻车的方向跳出车外，防止跳车时被车体挤压，而应向车辆翻转的相反方向跳跃。若在车中感到将被抛出车外时，应在被抛出车外的瞬间，猛蹬双腿，增加向外抛出的力量，以增大离开危险区的距离。落地时，应双手抱头顺势向惯性的方向滚动或跑开一段距离，避免遭受二次损伤。

5.3.1.3　车厢自燃后的自救

【案例 5-8】

大火无情

2014 年 6 月 26 日 10 点 20 分，一辆由衡阳开往广东方向的旅游大巴车，在湖南省宜章宜凤高速长村东溪大桥附近碰撞隔离带和护栏着火，火势非常凶猛迅速，短短时间内蔓延到整个车身，现场只有 21 人逃生，35 人当场死亡。

2015 年 5 月 4 日上午 9 时，一辆别克小轿车沿甘肃省金昌市至内蒙古阿拉善的金阿高速公路由东向西行至甘肃内蒙古交界处时，车辆起火燃烧。公安消防及交警等部门火速赶往现场救援，现场车辆燃烧损毁严重，车内五人全部死亡。

2016 年 10 月 2 日 0 时 27 分，三明市梅列区洋溪往沙县隧道口 5 公里处一小轿车撞到路边护栏后起火。小轿车车身被大火引燃，火势异常凶猛，引擎盖还时不时冒出火花，该路段交通堵塞，公路上停满了过往车辆，因小轿车内乘客具备一定自救常识，三人及时逃脱，避免了伤亡。

汽车发生火灾也是造成人员伤亡较大的事故之一，如果具备一定的自救常识，有可能会减小伤害。例如，当汽车发动机发生火灾且火情较小时，驾驶员应迅速停车，让乘车人员打开车门自己下车，然后切断电源，取下随车灭火器，对准着火部位的火焰正面猛喷，扑灭火焰。

当火灾导致车门打不开时，可把安全锤从架上取下，用尖的一头朝玻璃中部敲下去，玻璃呈放射状裂开后用鞋底猛踢一下，玻璃就碎了。如果找不到安全锤，可用重物或皮带扣猛击玻璃，或者用女同志的高跟鞋击打空调车钢化玻璃的四周，等出现裂痕后，再用脚底踢开，尽快破窗而出。

一般来讲，轿车发生 3 分钟内的火灾可自行扑灭，如果燃烧时间超过 3 分钟，危险太大，还是弃车逃生为妙。当汽车车厢货物发生火灾时，驾驶员应将汽车驶离重点要害部位停下，并迅速向消防队报警。同时驾驶员应及时取下随车灭火器扑救火灾，当火一时扑灭不了时，应劝围观群众远离现场。

如果乘车人员衣服被火烧着了，不要惊慌，应当冷静地采取以下措施：可以迅速脱下衣服，用脚将火踩灭。如果来不及脱下衣服，可以就地打滚，将火滚灭。切忌着火时人乱跑，可以用灭火器向着火人身上喷射。注意保护好露在外面的皮肤和头发。不要张嘴深呼吸或高声呼喊，以免烟火灼伤上呼吸道。离开汽车后，不要着急脱掉黏在烧伤皮肤上的衣服，大面积的烧伤可用干净的布单或毛巾包扎，如有可能尽量多喝水或饮料。与此同时，没受伤的人员要尽快用灭火器、沙土、衣物或篷布蒙盖，使车辆灭火，切忌用水扑救。

5.3.2 发生交通事故后的急救常识

5.3.2.1 头部外伤

A 头部外伤类型

(1) 头皮裂伤。头皮血管丰富，受伤后出血较多，易形成血肿和失血性休克。给予止血包扎即可。

(2) 颅脑挫裂伤。颅内出血、颅骨骨折，病人常神志不清，瞳孔一大一小，剧烈呕吐，抽风，瘫痪，情况很严重。

B 急救措施

(1) 首先检查伤者是否有重度头部外伤，查看病人神志、瞳孔、呼吸、脉搏等生命体征。最好让伤者侧卧，头后仰，保证呼吸道通畅。呼吸停止者立即口对口吹气，心跳停止时进行心脏按压，同时给急救中心打电话请求抢救。

(2) 如头部出血较多，用加压包扎法止血。发现鼻孔、耳朵“沥沥拉拉”流血或流淡红色液体，说明是脑脊液外漏，病情严重。一定要让伤者平卧，受伤的一侧向下，不可堵塞耳鼻，以免引起颅内感染。如果喉、鼻大量出血，要保持头侧位以防窒息。

(3) 如有脑组织从伤口脱出时，不能加压，以免加重损伤，最好用消过毒的碗扣在脱出部位再包扎。

(4) 头部外伤后有头痛头晕、短暂的神志不清，说明脑挫伤尚轻；如果出现瞳孔放大、偏瘫、抽风、昏迷，那就是中度以上的脑挫伤。脑挫伤病人一旦出现频繁呕吐、头痛剧烈、神志更加不清，这说明脑压高，需做紧急脱水治疗，速送医院急救。

（5）头部外伤需做头颅CT检查，明确有无脑内出血和骨折，其中许多病人需要做开颅手术来挽救生命。所以，一定要把颅脑外伤的病人尽快送到有神经外科专科的医院抢救，以免来回转院耽误时间。

5.3.2.2　胸部外伤

由于人们在乘车时的位置关系，交通事故所致胸部外伤的比例也非常高。胸腔内有人体的重要脏器（如心脏、肺脏）、大血管。车祸所致的血胸、气胸和肋骨骨折发生率高，如不及时抢救，会很快危及生命。

胸部外伤的急救方法如下：

（1）胸部开放伤要立即包扎封闭（不要用敷料填塞胸腔伤口，以防滑入）。

（2）清除呼吸道的血液和黏液，必要时在条件许可下进行紧急气管插管或切开术。

（3）多根肋骨骨折有明显的胸壁反常呼吸运动时，用厚敷料或急救包压在伤处，外加胶布绷带固定。

（4）有明显呼吸困难者，检查发现气管偏于一侧，应想到对侧有张力性气胸，立即在伤侧前胸壁锁骨中浅第二肋间穿刺排气。为安全送医院，可保留穿刺针头，用止血钳固定于胸壁上，并在针头上连接单相引流管或橡皮指套加剪缺口，持续排气。

（5）胸部伤送医院急救时应取30°的半坐体位，并用衣被将伤员上身垫高，有休克者可同时将下肢抬高，切不可头低脚高位。

5.3.3　发生交通事故后的互救常识

由交通事故引发的死亡，往往不是事故本身造成的，而是因为伤员得不到及时的救治或救治不当造成的。假如了解一些抢救伤员的常识，在关键时刻，您可能就成为伤员生命的救护神。

（1）首先是设法拨打交通事故报警电话“122（110）”或派人报告交警部门，告知出事的时间、地点、伤亡情况等；并设法通知紧急救护机构，请求派出救护车和救护人员。

（2）对于伤员不必急于把他们从车上或车下往外拖，而应该首先检查伤员是否失去知觉，还有没有心跳和呼吸，有无大出血，有无明显的骨折。如果伤员已发生昏迷，可先松开他们的颈、胸、腰部的贴身衣服，把他的头转向一侧并清除口鼻中的呕吐物、血液、污物等，以免引起窒息；如果心跳和呼吸都停止了，应该马上进行口对口人工呼吸和胸外心脏按压。

（3）如果有严重外伤出血，可将头部放低，伤处抬高，并用干净的手帕、毛巾在伤口上直接压迫或把伤口边缘捏在一起止血。

（4）发生的开放性骨折和严重畸形，可能由于伤员穿着衣服难以发现，因此不应急于搬动伤者，以免骨折断裂处移位，损伤周围血管和神经。如果伤员发生昏迷、瞳孔缩小或散大，甚至对光反应消失或迟钝，则应考虑有颅内损伤情况，必须立即送医院抢救。

（5）至于一般的伤员，可根据不同的伤情予以早期处理，让他们采取各自认为恰当的体位，耐心地等待有关部门前来处理。

知识拓展

高速交通工具的座位上都配备有安全带，可不要小看这条细细的带子，关键时刻它能保护你的生命。根据世界各国交通事故调查结果统计，澳大利亚安全带使用率为 87%，死亡人数减少比率为 15%~20%；英国安全带使用率 92%，死亡人数减少比率为 24%。

思考与练习

一、选择题

（1）交通安全是指人们在道路上活动时，按照（　　）的规定，安全地行车、走路，避免发生人身伤亡或财物损失。

A 宪法

B 刑法

C 交通法规

D 民法

（2）交通死亡事故的分布特性明显：从交通方式、事故分类、死亡人数的构成来看，（　　）造成的死亡占首位，摩托车次之。

A 火车

B 飞机

C 非机动车

D 汽车

（3）行人须在（　　）内行走，没有（　　）的要靠路边行走；行人不准在车行道上追逐、猛跑，不准在车辆临近时突然猛拐横穿。

A 行车道

B 快速路

C 人行道

D 马路

（4）集体外出时，最好（　　）、有秩序地列队行走；结伴外出时，不要相互追逐、打闹、嬉戏；行走时要专心，注意周围情况，不要东张西望、边走边看书报、玩手机或做其他事情。

A 无组织

B 有组织

C 随意

D 单独行动

（5）乘坐公共汽（电）车，要排队候车，按先后顺序上车，不要拥挤。上下车均应等车停稳以后，（　　），不要争抢。

A 先下后上

B 先上后下

C 左上右下

D 左下右上

（6）乘车时要坐稳扶好，没有座位时，双脚（　　），侧向站立，手应握紧扶手，以免车辆紧急刹车时摔倒受伤。

A 自然分开

B 自然盘起

C 随意摆放

D 前后侍立

（7）通过铁路道口时，要听从管理人员的指挥。遇到道口栏杆（栏门）关闭，红灯亮时，表示有（　　）即将通过，不可强行或者钻越栏杆通过道口。

A 列车

B 汽车

C 飞机

D 游轮

（8）车辆交通指挥灯有三色，分别是（　　）。

A 红、蓝、绿

B 红、白、黑

C 红、黄、绿

D 黄、绿、紫

（9）（　　）灯亮时，准许车辆、行人通行，但转弯的车辆不准妨碍直行的车辆和被放行的行人通行。

A 红

B 黄

C 绿

D 红、黄

(10) (　　) 第六条规定：教育行政部门，学校应当将道路交通安全纳入教育的内容。

A《中华人民共和国道路交通安全法》

B《中华人民共和国未成年人保护法》

C《中华人民共和国教师法》

D《中华人民共和国义务教育法》

(11) 同学们应遵守公共道德，不要在车厢内嬉戏、大声喧哗，车厢内(　　)，不得随地吐痰，乱扔果皮纸屑等杂物，不得兜售商品和散发广告。

A 可以吸烟

B 禁止吸烟

C 自由活动

D 随意聊天

(12) 面对多发的交通事故，一直以来交警部门都会加大路面执法力度，严查(　　)、超载、疲劳驾驶等交通违法行为。

A 超速

B 超员

C 超速超员

D 正常行驶

(13) 当汽车发动机发生火灾时，驾驶员应 (　　)，让乘车人员打开车门自己下车，然后切断电源，取下随车灭火器，对准着火部位的火焰正面猛喷，扑灭火焰。

A 迅速停车

B 缓慢停车

C 加速行驶

D 缓慢行驶

(14) 一般来讲，轿车发生 (　　) 分钟内的火灾可自行扑灭，如果燃烧时间超过 3 分钟，危险太大，还是弃车逃生为妙。

A 2

B 3

C 4

D 5

(15) 在交通事故中，驾驶员最易受到的伤害是（　　）。
A 撞击受伤
B 烫伤
C 烧伤
D 划伤

二、填空题

(1) 行人须在________内行走，没有人行道的要靠________行走；行人不准在车行道上________，不准在车辆临近时突然猛拐横穿。
(2) 骑自行车要在非机动车道上靠________行驶，不逆行；转弯时不抢行猛拐，要提前________，看清四周情况，以________示意后再转弯。
(3) 乘车时不要把________伸出窗外，以免被对面来车或路边树木等刮伤；也不要向车窗外________，以免伤及他人。
(4) 汽车落水后自救的最佳时机有两个：车辆刚落水的________；车厢________，里外水压一样时。
(5) 交通事故发生后，首先是设法打交通事故报警电话“________”或派人报告交警部门，告知出事的________等；并设法通知紧急救护机构，请求派出救护车和救护人员。
(6) 救助有害气体中毒伤员的急救措施是迅速将伤员移到________的地方。
(7) 抢救失血伤员时，应先进行________。
(8) 头皮________，受伤后出血较多，易形成________和失血性休克。给予止血包扎即可。
(9) 由于人们在乘车时的位置关系，交通事故所致________的比例也非常高。胸腔内有人体的重要脏器________。车祸所致的血胸、气胸和肋骨骨折发生率高，如不及时抢救，也会很快危及生命。
(10) 如果有严重外伤出血，可将________放低，伤处抬高，并用干净的手帕、毛巾在伤口上直接________或把伤口边缘捏在一起________。
(11) 随着我国经济的高速发展，________数量增长迅速，极大地改善了国民的生活水平，增加了人们的收入，但与之俱来的是大量交通事故的发生。
(12) 交通事故率高：从每年交通死亡事故的绝对数来看，呈________，我国已经跃居________，交通事故万车或亿车公里死亡率显得更为严重。
(13) 穿越马路，要听从________的指挥；要遵守交通规则，做到“________”。
(14) 如今，________在大街小巷随处可见，已成为方便市民出行最后一公里的便捷交通方式。
(15) 乘坐小轿车、微型客车时，在前排乘坐时应________。

三、简单题

（1）在乘坐公交或地铁时，你遇到过哪些不文明行为？

（2）怎样做到文明乘坐公交车？

（3）胸部外伤的主要临床表现有哪些？

（4）乘坐火车时应注意什么？

（5）交通信号灯有哪些指示功能？

6 实习安全

6.1 校内实习安全

参加校内实习是中职生在校学习期间必须经历的一项实践活动。学生在实习的过程中，要在学校构建的类企业的生产环境下参与各种生产活动，如果学校忽视了实习安全教育，就容易出事故。因此，为了确保学生的人身安全，学校应针对学生的心理特点，按照安全教育的相关内容，采用各种有效的方法，切实增强学生的安全意识及自我保护能力。

6.1.1 校内实习安全隐患

6.1.1.1 设备安全隐患

【案例 6-1】

私拆安全装置引发事故

2011 年 5 月 18 日，南方某职校学生李某在学校实习车间用平板刨床加工产品，李某进行推送，另有一人接拉。在快加工到产品端头时，遇到节疤，产品抖动，李某疏忽，且这台刨床的刨刀没有安全防护装置，李某的右手脱离产品而直接按到了刨刀上，瞬间李某的四个手指被刨掉。其实在一年前，为了解决无安全防护装置这一安全隐患，学校专门购置了一套防护装置，但装上用了一段时间后，一名实习学生嫌麻烦，就给私自拆除了，于是发生了这起事故。

中职生在校实习时会接触到各种实训设备、器材、原材料等，有些具有一定的危险性，如物流实训中的叉车、电工实训中的电源电路、化工实训中的危险化工品、工程实训中的机床等。为保护学生不受伤害，学校会在校内实习场地的相关设备上安装安全装置。但这些安全装置必须进行日常维护，如果维护不当，就会产生巨大的安全隐患，甚至造成人员伤亡。除此之外，设备零部件磨损或老化严重、设备过载或长时间运行、未及时检修保养，也会造成设备安全隐患。

在实习操作过程中，学生会接触到许多机械设备，虽然学校在购买实习设备时会严格要求，但机械设备缺陷却是不可避免的。这里的机械设备缺陷是指机械设备本身所具有的不安全因素。这些缺陷是一种潜在危险。其产生的原因主要是：

(1) 设计不合理，特别是那些只满足使用功能要求，而忽视职业安全卫生、人机工程等方面要求的带有“先天不足”的机械设备尤为严重。

(2) 加工制造、装配等质量低劣而又未按国家有关技术法规、标准进行严格检验、论证。

(3) 维护保养不当或设备陈旧、“超期服役”以及存在故障而未即时修理等。

机械设备对作业工人造成的主要危险有：

(1) 机械危险：包括挤压、剪切、切割或切断、缠绕、引入或卷入、冲击、刺伤或扎伤、摩擦或磨损、高压流体喷射或抛射等危险。

(2) 电气危险：包括直接或间接触电、趋近高压带电体和静电所造成的危险等。

(3) 热（冷）的危险：烧伤、烫伤、热辐射或其他现象引起的熔化粒子喷射和化学效应的危险和冷的环境对健康损伤的危险等。

(4) 由噪声引起的危险：包括听力损伤、生理异常、语言通讯和听觉干扰的危险等。

(5) 由振动产生的危险：如由手持机械导致神经病变和血脉失调的危险、全身振动的危险等。

(6) 由微波、红外线、可见光、紫外线、各种高能粒子射线、电子或粒子束、激光辐射对人体健康和环境损害的危险。

(7) 由机械的加工、使用及其构成材料和物质产生的危险。

(8) 机械设计中由于忽略了人类工效学原则而产生的危险。

6.1.1.2 人员安全隐患

【案例 6-2】

缺失的安全意识

2013 年 2 月 13 日，某职校学生朱某与同学一起在实习车间实习。在课间休息时，实习老师再三强调大家走动时离机床远一点，以免磕碰。可朱某和同学却因琐事发生推拉，在推拉过程中，朱某被旋转的联轴节挂住裤脚口摔倒在地。旁边的老师听到呼救声后，马上关闭电源，使设备停转，朱某脱险。但朱某腿部已严重擦伤。引起该事故的主要原因是机床马达和传动装置的防护罩在上一班级实习作业后没有及时罩上。

2012年12月23日，某职校实习学生小吴把老师离开钻床应及时关停钻床的告诫抛在脑后，在操作台测量零件时，没有关停钻床，只是把摇臂推到一边，就用戴手套的手去搬动工件。这时，飞速旋转的钻头猛地绞住了小吴的手套，强大的力量拽着小吴的手臂往钻头上缠绕。小吴一边喊叫，一边拼命挣扎，等实习教师听到喊声关掉钻床，小吴的手套、工作服已被撕烂，右手小拇指也被绞断。

2015年9月23日，上海某纺织技校发生一起这样的事故：一名实习学生没有遵守学校实习车间的规定，把头巾围到领子里上岗作业，当她接线时，纱巾的末端嵌入平时没有注意的梳毛机轴承细缝里，纱巾被绞，该学生的脖子被猛地勒在纺纱机上，最终给该学生造成难以挽回的伤害。

在实训中，学生一般处于工作状态，不可能随时有教师进行指导，学生处于无教师专门管理、无任务驱动的状态下，会出现嬉戏、聚团聊天、注意力不集中甚至相互追逐等不良情况，极易造成安全隐患。

中职学生年龄在15~18岁之间，好奇心和叛逆心都很强，进入实习场所，这个想摸摸，那个想玩玩，完全不顾教师的提醒和要求，甚至故意和教师对着干，越不让动的，越要去尝试一下，这就可能产生安全隐患。如果学生对学习没有兴趣、对实习不重视、缺乏安全意识、安全技能差、不按安全规范操作、缺乏自我保护意识和处理意外情况的能力、养成不安全的工作习惯等，也都会造成安全隐患。

尽管国家和学校对学生校内实习安全工作非常重视，但每年还是有学生实习事故发生。其原因虽然是多方面的，但实习学生的安全意识薄弱却是事故发生的根本原因。要想降低实习事故的发生率，提高学生的安全意识是非常重要的。违章作业是安全生产的大敌，十起事故，九起违章。在实际操作中，有的学生为图一时方便，擅自拆除了自以为有碍作业的安全装置，更有一些学生，操作起来，就把“安全”二字忘得干干净净。

此外，学生在使用实习设备发生安全事故的主要原因还有：

（1）学生没有掌握设备的安全使用规程，不能按照设备的安全规程操作。

（2）遇到设备故障擅自处理，未及时请示实习教师。

（3）设备操作中操作人员擅自离岗，致使设备在无人操作下自行运转。

6.1.1.3　实习环境安全隐患

【案例6-3】

危险的实习环境

2014年4月15日，江苏省某职校实习工厂，实习生郑某和钻工张某两人在一个仅9平方米的车间内作业，他们的两台机床的间距仅0.6米。当郑某在加工一件长度为1.85米的六角钢棒时，因为该棒伸出车床长度较大，在高速旋转下，该钢棒被甩弯，打在了正在旁边作业的张某的头上。等郑某发现立即停车后，张某的头部已被连击数次，头部受伤严重。

由于场地用房紧张，有些职业学校的实习场所不够开阔，实习机床位置摆放不够科学合理，甚至将实习场所安排在一些危房之中，这些都是不安全的实训环境。

此外，校内实习环境容易存在的安全隐患还有：实习场所内没有相应的消防设施或者消防设施没有妥善保管；实习场所的通风、排气效果不好；易燃物品未规范管理，暴露在空气中；电线短路、过热、过载，保险丝过大等。

对于那些房龄较长的房屋，供电线路已老化，电力线路铺设不合规范，通风、防火设计不合理，大功率仪器设备增多致使用电负荷大幅度增加，都会造成火灾隐患。有些实习场所为防止仪器设备被盗，加装钢筋护窗，增设全封闭的金属门，有的甚至将双向通道走廊的一头封闭，改为单向通道走廊，致使安全通道堵塞，一旦发生意外，没有逃生通道，后果不堪设想。个别实习场所存在房中房现象，消防出口严重不足。

中职生实习中存在的众多安全隐患必须引起学校的重视。学校应采取“安全第一，预防为主，综合治理”的方针构建实习中的安全标准化体系，规范学校实习中的安全管理，建立安全管理的长效机制。

安全意识低是造成伤害事故的思想根源，我们一定要牢记：所有的安全装置都是为了保护操作者生命安全和健康而设置的。机械装置的危险区就像一只吃人的“老虎”，安全装置就是关老虎的“铁笼”。若安全装置被拆除，这只“老虎”就随时会伤害我们。

事实上，很多学生知道实习中某些机械作业的危险性是很大的，但在使用这些机械一段时间后，却不把危险当回事了，操作规程和要求抛在脑后，想怎么干，就怎么干，结果造成了不可挽回的后果。

我们在工作中，可能会经常做一些不安全的行为，有一些行为可能是不经意和习惯做出的，但不知你是否想过，就是这些小小的习惯行为，有时会造成终生的悔恨，甚至是付出生命的代价。

下面这些行为你有过吗？在有危险的地方休息；忽视安全标志的提示，我行我素；高处作业不系安全带等。我们要时时注意安全，处处预防事故，麻痹大意只会招来伤害。在实习作业现场，我们都要有“眼观六路，耳听八方”的警惕性，不论是在操作的时候，还是暂时空闲，都要牢记安全第一，做到不伤害自己，不被别人伤害，以及按规程操作不伤害别人，千万不能习惯成自然地去做一些不安全的行为。

在机械作业中，各种机械设备都有一定的安全作业空间，机械设备之间安置不能太过紧密，否则，在一台机械工作时，其危险的工件等物会对临近的机械操作人员造成伤害。不同的工种都有不同的工作服装。在生产工作场所，我们不能像在平时休息那样，穿自己喜欢穿的服装。实习服装不仅仅反映一个学生的精神面貌，更重要的它还有保护你的生命安全和健康的作用。忽视它的作用，从某种意义上来讲，也就是忽视了你自己的生命。

6.1.2 校内实习安全注意事项

生产安全是进行正常生产实习的保证，是关系到人身、设备等安全的大事。学生如果在实习前未接受相关的生产安全教育，不了解校内实习安全注意事项，便无法预见在生产中可能出现的安全事故，最后会在实习生产中陷入危险。如实习生小周，随指导师傅进行拌料操作，拌料过程结束后，带班师傅进入隔壁车间闲聊，该生在清理该混合料中的剩余底料时，误启动了混合机，结果左手被卷入而导致残疾。可见，加强实习安全方面的安全教育，保护学生们的生命安全，至关重要。

为保障在校内实习场所的安全，学生必须在进入实习场所前就提高安全意识，了解相关注意事项，做到万无一失。

学生应该服从实习指导教师的管理，严格遵守实习纪律和实习场所内的各项规章制度。严格按章操作，遵守工位的安全规则。实习期间一般不得请假，如需请假时必须向实习指导教师以及班主任履行请假手续，经同意后方可离开。

学生应该按学校的安排和要求认真完成每周《学生实习手册》，按要求写实习全过程的《学生实习手册》及校内实习指导老师布置的作业。

实训前要做好必要的准备工作，认真学习实训（验）指导书，明确实训（验）目的、实训（验）步骤和安全注意事项。

学生进入实训室后，要服从指导教师分组安排，进入指定的工位，不得私自调换工位，未经同意，不得擅自动用设备与工具。

设备使用前要认真检查，若发现缺损或异常现象，应立即报告指导教师或实训室管理人员处理。

学生在实训（验）过程中，人为损坏或丢失实训（验）设备的，将追究其责任。不得动用与实训（验）内容无关的仪器设备。检修电气设备时，必须先断开电源。如不能断电工作，应经过申请，在实训老师的指导和监督下进行。

要保持工作环境的清洁，实训任务完成后要清理工作场所；关好门窗，切断相关设备、照明电源，经老师同意后方可离开。

6.2 校外实习安全

社会经济的快速发展增加了社会对人才的需求，企业急需大量熟练的技术工人，许多企业对技术人员开出的工资已高于普通大学生的工资，加上近年来的农工荒，顶岗实习学生成了企业招收稳定的员工的一个重要途径；同时中等职业院校学生的顶岗实习，是加强学生实践动手能力的培养，提高学生综合职业能力，促进学生就业的重大举措。所以全面开展顶岗实习是我国中职教育发展的必由之路，是中职学校进一步提高办学质量，增强人才培养针对性，提升学生就业竞争力，促进学生就业的客观要求。

但是，在此过程中，种种主客观原因造成了实习生意外伤害事故的频繁发生，因此我们必须了解校外实习的安全隐患以及注意事项。

6.2.1 校外实习安全隐患

校外实习安全隐患有多种类型，如交通安全隐患、火灾隐患、财物安全隐患、网络安全隐患以及其他安全隐患等。其中，前四种之前各章已介绍，这里不再详述。

6.2.1.1 交通安全隐患

据调查统计，2010 年，全国上半年共发生交通事故 9.9 万起，造成 2.7 万人死亡，11.7 万人受伤；2011 年，全国涉及人员伤亡的道路交通事故 210812 起，共造成 62387 人死亡。尽管中职生大部分时间生活在校园里，但在校外实习后，中职生就要开始在社会上进行生产生活。调查发现，大部分中职生的交通意识薄弱。例如中职生中闯红灯过马路的占 97%，其中，对闯红灯不以为然的占 24%，有急事闯红灯的占 65%。例如中职生小王，平时喜欢戴着耳塞边听音乐边走路，有时车到了面前他才发觉。同学提醒他要注意，他却当做耳边风。在顶岗实习阶段，他在一次外出购物时，横穿马路，不走斑马线，导致车祸，造成重伤。可见，中职生的交通安全防范意识还有待加强。

6.2.1.2 火灾隐患

据调查分析，2010 年全国共发生火灾 13.2 万起，死亡 1108 人，受伤 573 人，直接财产损失 17.7 亿元。火灾是危害人们生命安全的重要事故之一。调查显示，近 65.5%的中职生不会使用灭火器。当遇到火警时，有不少中职生对逃生的正确方法一无所知，有 4.61%的中职生选择发生火灾逃跑时随大流，可见避险的盲目性很强。

6.2.1.3 财物安全隐患

中职生由于年龄较小，涉世未深，社会经验少，很容易掉进不法分子所设计的骗局之中。尤其是中职女生，很多不法之徒专以“交友”“恋爱”“求助”为名，利用女性的爱心和情感行骗。另外，某些诈骗分子会以丰厚待遇为诱饵，骗取中职生的信任，继而令其从事一些非法活动。例如：某中职学校一女生在实习期间，由于不听从带队老师的管教，私自离开工厂，被不法分子盯上，被诱骗进一个不法组织。幸亏老师及时发现并报警，该生才得以逃脱。

6.2.1.4　网络安全隐患

随着网络的不断发展，中职生经常从网上获取信息，但较少考虑如何在网络环境下保护自己。如随意将自己的真实材料发布在网上，如年龄、电话、邮件等，个人隐私一旦暴露，易引起一些不法分子的注意，并被他们利用。

6.2.1.5　其他安全隐患

【案例6-4】

被窃取的劳动力

天津市某职业院校从不同渠道了解到，该校部分实习生没有到学校指定的实习企业进行顶岗实习，而是去了他们从各种渠道寻找到的实习企业，但他们在实习期间却受到了企业的不公对待。为了维护学生利益，充分发挥顶岗实习锻炼学生能力、提高学生素质的重要意义，该校老师在顶岗实习学生中做了一项跟踪调查，旨在了解学生实习期间的真实状况。

在调查中，老师们惊诧地发现，很多学生明确表述自己其实是打工，而非实习，工作多为“机械体力劳作”，报酬也不高。尽管有学生表示这样的“实习”的确有助于他们在一定程度上了解社会，但工作期间最大的苦恼还是“工作很辛苦，报酬却偏低”，也“学不到什么本事”。

当学校联系相关企业询问为何他们实习生的工资那么低时，相关负责人只是回答说，他们是给学生提供接触社会的舞台，在此期间，企业提供了大量的培训机会，这些培训能提升实习生们的综合能力，而这些是不能用工资来衡量的。这些企业到底是真的为学生们提供社会实习，还是占用了他们的廉价劳动力？据上海某权威机构关于中职学生实习状况的调查显示：将近三分之一的学生在实习过程中受到不同程度的伤害，其自身合法权益难以得到保障，即使学生明白自己的合法权益受到侵害，选择各种途径维权的也仅占13.9%，而选择忍气吞声者占86.1%，因为他们认为自己不仅不可能有效地维权，而且还可能因维权失去这“来之不易”的实习机会。

实习是中职生就业前首先要面对的挑战。部分用人单位以追求企业利益最大化为目的，为了降低用工成本，利用实习生求职急切的心理，在试用期上做文章，不断地从人才市场招聘新的实习生，致使实习期成了部分用人单位榨取人力资源的无偿“剥削期”。值得关注的是，中职生在自己寻找的企业实习期间，只有极少数人和用人单位签订了劳动保障协议，这致使他们在实习期间一旦出现工伤、医疗等事故时没有相关的法律可依。大多数中职毕业生虽然已经是成年人，但还缺乏必要的社会经验和心理素质去应对各种突发事件，自我维权意识缺乏和自我保护能力较弱。

一般职业学校学生的实习都是学校统一安排，但有的学生认为学校安排的实习岗位不理想，于是自己选择实习单位，这样就给学校监管带来了难题。虽然如此学校仍应该关注实习单位是否为学生提供了安全的工作和生活环境，如果实习单位不能提供安全的实习环境，不能确保如实兑现对学生的承诺，那么学校可以要求学生拒绝这样的实习。

学校应该和实习单位、家长保持沟通，建立科学的实习管理通报制度，及时了解学生实习及安全情况。根据每年学生实习的情况，针对某些突发事故，职业院校应与实习单位共同制定科学合理的事故应急预案，提高应对突发事故能力。同时学校还要建立和完善“实习前有专门培训、实习中有过程管理，出险后有及时赔付”的全过程风险管控制度。

除了必要的培训和风险提醒，为了保证学生的利益，一般实习之前学校都会建议用人单位购买实习保险，如果没有购买的话，也会建议学生自己购买。

为了保证学生的利益，在实习之前学校会和用人单位、学生之间签订三方协议。三方协议中规定了用人单位必须为学生实习提供必要的实习条件和安全健康的实习劳动环境，用人单位负责学生工作期间的安全教育以及保护工作，提供学生在实习期间必要的劳动工具和劳保用品。同时三方协议中还规定用人单位不得安排学生从事高空、井下、放射性、高毒、易燃易爆、国家规定的第四级体力劳动强度以及其他具有安全隐患的实习劳动；不得安排学生到酒吧、夜总会、歌厅、洗浴中心等营业性娱乐场所实习。

【案例6-5】

保证金诱饵

韩某，中职生，马上要进行顶岗实习，他想通过自己的方式找到企业进行实习。在人才交流市场，经过初步商谈，他与某家公司达成就业协议。但进这家公司，每人要收取200元的服装保证金，用于制作工作服，离开公司的时候，200元可以原封退还。1个月后，韩某按照约定来到公司的办公地点参加培训，但却发现，该公司和主管人员早已经人去楼空，才知自己上当受骗。据了解，在这起诈骗案中，有150多名求职者上当受骗，其中大多数都是刚刚毕业的大学生。

在就业过程中，类似案例6-5的诈骗案很多。骗子往往打着招聘的幌子，要么收取“报名费”，要么收取“保证金”、“培训费”，很多中职生为了获得实习机会，明知道是无理的要求，也不敢拒绝，骗子们往往就抓住了中职生的这种心理，进行行骗。

对于刚毕业的中职生，找到一份薪资理想的工作似乎是他们共同的目标和追求，某些不法公司正是抓住了他们的这一心理，打着招聘的幌子称在正式入职后将会有高薪酬和“诱人前景”，却又让面试成功的中职生支付岗前培训费用。考虑到中职生的经济能力有限，他们还“贴心”地为中职生提供贷款服务。然而一旦贷款合同签订后，公司却神秘失踪了。这些中职生只是刚踏入社会或还未踏入社会的年轻人，社会却给他们上了一堂教训深刻的“警示课”。对于社会阅历、工作经验都不够丰富的中职生来讲到底应该怎样做才能在找实习和工作单位的过程中少一点坎坷和欺骗呢？

首先，认清大局和方向，弄清楚自己喜欢的是什么。常言道“兴趣是最好的老师”，只有选择了热爱的行业才会在岗位上尽职尽责、施展才华。现在很多中职生都有一个“随大流”的通病，有的甚至不知道想要的是什么，听说什么行业热门就往哪个行业钻，最后走弯路、吃亏的还是自己。

面对当前严峻的就业环境和形势，加上李克强总理提出的“互联网+”行动计划，许多中职毕业生都考虑学习一技之长来解决自己的就业问题。现在社会上为中职生提供技能实习的单位鱼龙混杂，所以在选择实习单位的时候也要擦亮眼睛，不要仅被实习单位诱人的待遇冲昏了头脑。

其次，在网上多找一些与公司相关的资料，清楚了解公司的业务，这样不仅进一步了解公司，也能在日后去参加面试的时候从容自信一些。在了解公司基本情况的前提下，可以考虑在网上投递自己的简历然后等待通知前去公司参加面试。

如果有幸被实习单位看中告知前去实习，在实习期间一定要记住始终保持谦逊有礼的态度，端正思想；同时要勤奋刻苦，不迟到，主动自学；工作的时候要细心、专心、有耐心，注重团队合作，切勿有个人英雄主义；对于没有掌握好的方面要反复练习，或者虚心请教，只要不怕困难，坚持不懈，就一定能有意想不到的收获。

经济结构转型升级，对中职生就业创业提出了更高要求。这就要求中职生在找工作和实习的过程中擦亮自己眼睛、认清自己的能力，少一些心浮气躁，多一点真诚和耐心；掌握一门技术在后期找工作过程确实很实用。

【案例 6-6】

个人信息陷阱

毛某是一名中职生的家长，日前接到一个长途电话，称其儿子在去实习公司的路上发生车祸，现正在医院抢救，急需手术费 5 万元。毛某闻讯立即拨打儿子手机却怎么也打不通，相信儿子真的出事了。就在此时，一个自称是儿子学校领导的人又打来电话，证实确有其事，并留下一个账号，毛某连忙筹集了 5 万元汇过去。几小时后，毛某终于打通儿子电话，方知上当受骗。

近年来，套取并利用求职者信息进行诈骗的案件屡见不鲜。中职生在寻找实习企业的过程中，往往要填写一些表格，其中涉及很多个人信息，尤其是网上求职，要求填写的内容更是事无巨细，从个人电话号码，到家长姓名、家庭住址、家庭电话、父母情况一应俱全。许多学生毫无警惕，随意填写，结果给骗子留下了可乘之机。

近年来，实习学生被骗事件屡有发生。尽管有些犯罪分子行骗手段极其低劣，但为什么还能屡屡得手呢，这与我们中职生生活阅历、性格特点有很大关系。

（1）思想单纯，缺乏社会生活经验。中职生在学或实习寻找实习单位期间，经常有一些前来寻访的老乡、熟人、同学，或者朋友的朋友、熟人的老乡、同学的同学之类的人。这其中有的是真，有的是假，而很多中职生缺乏刨根问底的习惯，在不辨真伪的情况下，宁信其有不信其无，常常把他人的热情看作是一种亲近，因而比较容易上当受骗。

（2）疏于防范，感情用事。中职学生从小学、中学到上职业学校，都有十年寒窗的经历，能够通过职业技能训练，成为中高级职业技能人才当属幸运者，在学校这个园地里，我们很多人激情溢于言表，并未形成防范的概念，这在客观上给诈骗分子以可乘之机。有的中职生，同情心过强，经不住别人几句好话，并受“在家靠父母，在外靠朋友”观念的影响，轻易相信他人，这也是容易上当受骗的另一个原因。

（3）有求于人，轻率行事。每个人免不了有求他人相助的事，但能否如愿这就要看是何事、求助对象是谁。如果不分青红皂白，为达寻找好的实习单位、一劳永逸的目的而轻率交友，弄不好会上当受骗。据调查，当前，中职生顶岗实习容易被利用的心态是：想创业而缺乏创业的实际经验，急欲成功成名而能力不足，想分配到理想的工作单位而缺少门路等。

（4）贪恋小便宜的心理。诈骗分子往往利用被骗人贪恋小便宜的心理，以极小的成本引诱被骗人上当受骗。提醒同学们：天上不会无缘无故掉下馅饼，也没有免费的午餐，所以请广大同学要树立正确的价值观，不牟取非利，不贪恋便宜，以免偷鸡不成反倒蚀把米，在寻找实习工作单位期间受到伤害。

6.2.2 校外实习安全注意事项

中职生选择实习企业时尽量选择学校推荐的企业，因为这些企业都是有保障、有知名度且正规的企业，不仅能够满足学生的实习要求，而且更重要的是能够保证学生的实习安全。

在实习期间，中职生应严格遵守学校和实习单位的各项规章制度和劳动纪律，服从实习岗位安排，全面完成实习工作内容，接受实习单位的管理和考核。实习生若因故提出终止实习，需向学校和实习单位提出申请，经双方同意后，实习方可终止。

实习期间的工作时间按有关行业规定执行。病、事假按规定执行并严格履行请假制度。自尊、自爱、自强，与实习单位员工、其他实习生保持良好的工作关系；穿着打扮符合实习单位对员工仪表仪容的要求并符合学生身份；保持与学校及实习单位指导老师的联系，实习开始后，自觉将实习单位名称、地址及实习单位的考核与评定反馈给学校。

注意交通及人身安全。注意将联系方式、食宿安排、交通安排等情况报告自己的辅导员和实习指导老师。实习结束时，认真进行自我总结，提交实习报告、实习鉴定表等。遵守国家法律法规，明辨是非。如遇不明确事项，及时请示学校或实习单位指导老师。

此外，在实习期间，要了解多方面的安全常识：

(1) 招聘信息的安全。获得就业信息是成功求职的第一步，同学们应仔细鉴别招聘信息及招聘公司的合法性，应尽量通过正规途径（如学校毕业生就业指导中心、当地的人事局、人才市场）获取信息，尽量选择信誉佳的公司应聘，对于那些并不熟悉或没听说过的小公司，应聘前先上网或打电话求证是否有此公司，如果可能的话，可以联系在该地工作的学长询问相关情况以确保信息安全。

(2) 求职面试时的安全。因双向选择的需要，大多数招聘单位都要求与学生进行面试。这时应注意事先明确具体的面试时间和地点，接到面试通知时，要问清对方的办公地址和固定联系电话。若招聘单位只有手机单一联系方式，要高度警惕，谨防上当受骗，切忌到不明确或存在安全隐患的地方进行面试。正规的单位一般都有固定的办公场所，若招聘单位面试地点选择宾馆等临时租借来的地方，要仔细鉴别真伪。同时事先要清楚告诉家人或同学面试的时间和地点，保持手机等联系方式的畅通。初次面试尽量不食用点心或饮料，注意面试场地的外观与对外通道，注意观察面试者之言行举止，如有暧昧不清，应立即离开。如需缴交证件，只能交影印本而不应给原件。

(3) 实习工作时的安全。上班时，衣着、态度、言行均应谨慎，不轻言允诺非公务以外的不当要求。刚到新公司应先熟悉环境，谨慎处理不熟悉同事的邀约。注意公司运营情形，是否为空壳公司或别有意图。

(4) 加强个人信息的保密安全。不要将个人的所有联系方式都提供给招聘单位，一般提供手机号码和电子邮件即可，至于固定电话，可以提供学院负责就业工作老师的办公电话，最好不要提供宿舍或者家庭电话；接到陌生人的电话，不要轻信其花言巧语，应拨打114进行核实，或者与老师同学一起分析商量（曾发生过陌生人以各种理由骗学生关机一段时间，然后向家长骗取钱财的事件）；对于各种渠道特别是互联网上的招聘信息，一定要慎重核实，不要轻易填写过于翔实的个人信息；不要采取“天女散花”的求职方式，对自己不信任的、不规范的公司不要随便递简历。

(5) 注意收费的合理性。政府有关劳动人事部门规定：用人单位招聘时，不得收取求职者任何形式的报名费、培训费、押金等费用。若招聘单位巧立名目，收取求职者各种形式的报名费、培训费、押金等费用，都是违法行为，求职者应提高警惕，坚决拒绝交纳各种费用。提醒毕业生，根据相关法律规定，招聘单位录用人时与劳动者订立的是劳动合同，不是产品推销协议，毕业生要提高警惕，不要去签订以推广、促销为名的民事协议，更不要头脑发热盲目签字，随意交钱。一旦上当受骗，求职者可向当地劳动保障监察部门或公安部门报警，寻求法律保护。

(6) 警惕卷入任何形式的传销活动。传销是国家明令禁止的非法行为，千万不要偏信能使你一夜暴富的神话，以免误入歧途。提醒毕业生“天上不会凭空掉馅饼”，若有，也可能是个陷阱，任何人的成功都是经过千辛万苦、勤奋努力得来的。

知识拓展

防诈骗小常识

实习之后，学生便进入人生的下一阶段——“社会人”。作为一名社会人，不仅有更多的自由，更大的决断能力，而且也要面对美好事物的反面——诈骗。虽然法律会严惩违法犯罪者，但防患于未然是我们在社会上立足的必要能力。

诈骗的主要手段如下：

(1) 投你所好，引诱上钩。一些诈骗分子往往利用被害人急于实习和就业等心理，投你所好、应你所急，施展诡计而骗取财物。例如，某中职生丁某为找工作，经过人托人再托人结识了自称与某公司经理有深交的何某，何某称“只要交800元介绍费，找工作没问题”，谁知何某拿到介绍费之后便无影无踪了。

（2）真实身份，虚假合同。利用合同或无效合同诈骗的案件，近几年有所增加。一些骗子利用中职生社会经验少、法律意识差、急于赚钱补贴生活的心理，常以公司名义、真实的身份让学生为其工作，事后却不兑现诺言和酬金而使学生上当受骗。对于类似的案件，由于事先没有完备的合同手续，处理起来比较困难，往往时间拖得很长，花费了许多精力却得不到应有的回报。

（3）投资为名，骗钱为实。有的骗子利用个别中职生贪图便宜、不想参与实际实习工作便能赚取收入的心理，以高利集资为诱饵，使学生上当受骗。

（4）招聘为名，设置骗局。有些学生为了回馈家庭、社会，证明自己的能力，急于寻找一份薪资较高的实习岗位。诈骗分子往往利用这一机会，用实习的名义对一些学生设置骗局，骗取介绍费、押金、报名费等。

（5）假冒身份，流窜作案。诈骗分子往往利用假名片、假身份证与人进行交往，介绍知名企业实习机会，有的还利用捡到的身份证等在银行设立账号，让实习学生缴纳基本的“通融费”，他们为了既能骗得财物又不露出马脚，通常采取游击方式流窜作案，财物到手后随即逃离。还有一些人把骗到的钱财、名片、身份证、信誉等作为资本，再去诈骗他人，重复作案。

虽然诈骗案件屡有发生，扰乱社会秩序，侵犯学生权利，但事后仔细揣摩，也往往是因为学生缺乏一些社会常识所致，了解一些预防措施，能切实提高防诈骗能力。

（1）提高防范意识，学会自我保护。社会环境千变万化，中职生必须尽快适应环境，学会自我保护。要积极参加学校组织的法制和安全防范教育活动，多了解、多掌握一些防范知识对于自己有百利而无一害。在实习中要做到不贪图便宜、不谋取私利；在提倡助人为乐、奉献爱心的同时，要提高警惕性，不能轻信花言巧语；不要把自己的家庭地址等情况随便告诉陌生人，以免上当受骗；不能用不正当的手段谋求实习和择业；发现可疑人员要及时寻求帮助，上当受骗后要及时报案、大胆揭发，使犯罪分子受到应有的法律制裁。

（2）交友要谨慎，避免以感情代替理智。人的感情是主体与客体的交流，既是主观体验也是对外界的反映，本身应该包含合理的理智成分。如果只凭感情用事、一味“跟着感觉走”，往往容易上当受骗。交友最基本的原则有两条：一是择其善者而从之，真正的朋友应该建立在志同道合和高尚的道德情操的基础之上，是真诚的感情交流而不是简单的利益关系，要学会了解、理解和谅解；二是严格做到“三戒”，即戒交低级下流之辈，戒交挥金如土之流，戒交游手好闲之人。与人交往要区别对待，保持应有的理智。

（3）对于熟人或朋友介绍的人，要学会“听其言、察其色、辨其行”，而不能“一是朋友，都是朋友”。对于“初相识的朋友”，不要轻易“掏心窝子”，更不能言听计从、受其摆布利用。对于那些“来如风雨，去如微尘”的上门客，态度要热情、处置要小心，尽量不为他们提供单独行动的时间和空间，避免给犯罪分子创造作案条件。

（4）同学之间要互相沟通、互相帮助。在职业院校里，无论哪个学院、哪个专业，班集体总是校园中一个最基本的组织形式。在这个集体中，大家向往着同一个学习目标，生活和学习是统一的、同步的，同学间、师生间应该加强沟通、互相帮助。有些同学习惯于把个人之间的交往看做是个人隐私，但必须了解，既然是交往就不存在绝对保密。有些交往关系，在自己认为合适的范围内适当透露或公开，更符合安全需要，特别是在自己实习期间，第一次远离校园环境，很多事情都是从头开始，如果能随时联系到同学，相互了解，或许就会得到一些帮助并避免受害。

（5）服从校园管理，自觉遵守校纪校规。为了加强校园管理，职业院校制定了一系列管理制度和规定。制度，总是用来约束人们行为的，在执行过程中可能会给同学们带来一些不便，但是制度却是必不可少的，况且，绝大多数校园管理制度都是为控制闲杂人员和犯罪分子混入校园作案，以维护学生正当权益和校园秩序而制定的。因此，同学们一定要认真执行有关规定，自觉遵守校纪校规，提高自身职业技能，积极支持有关部门履行管理职能，并努力发挥出自己的应有作用。如果我们在校期间能认真学习各项技能，取得应得的职业资格证，实习前与学校进行充分沟通，一定能在学校的帮助下找寻更满意的实习单位，这将极大降低诈骗发生的可能性，且更容易在权利受到侵害时维护自己的利益。

思考与练习

一、选择题

（1）学生在实习的过程中，都要在（　　）的生产环境下参与各种生产实习活动或工作。

A 企业

B 类企业

C 企业或类企业

D 学校

（2）（　　）是进行正常生产实习的保证，关系到人身、设备等安全的大事。

A 防火安全

B 交通安全

C 教育安全

D 生产安全

(3) 如果学生在实习前未接受相关的生产安全意识教育，无法预见在生产中可能出现的（　　），这就会使学生在实习生产中陷入危险。

A 安全事故

B 交通事故

C 用电事故

D 火灾事故

(4) 学生在使用实习设备中发生安全事故的原因可能有（　　）。

A 按照设备的安全规程操作

B 遇到设备故障自己擅自处理，未及时请示

C 设备操作中操作人员擅自离岗

D 设备长时间运行，及时检修保养

(5) 对于实训，学生一般处于（　　），不可能随时有老师进行指导。

A 工作状态

B 学习状态

C 休息状态

D 游戏状态

(6) 学校应该和（　　）保持沟通，建立科学的实习管理通报制度，及时了解学生实习及安全情况。

A 实习单位

B 家长

C 实习单位和家长

D 媒体

(7) 政府有关劳动人事部门规定：用人单位招聘时，不得收取求职者任何形式的（　　）等费用。

A 报名费

B 培训费

C 押金

D 报名费、培训费、押金

(8) 根据相关法律规定，招聘单位录用人时与劳动者订立的是（　　），不是产品推销协议，毕业生要提高警惕，不要去签订以推广、促销为名的民事协议。

A 劳动合同

B 劳动协议

C 合作协议

D 生产协议

(9) (　　) 是国家明令禁止的非法行为，千万不要偏信能使你一夜暴富的神话，以免误入歧途。

A 传销

B 直销

C 创业

D 求职

(10) 选择实习企业前尽量选择（　　）推荐的企业，因为这些企业都是有保障、有知名度且正规的企业，不仅能够满足学生们的实习要求，也能够保证学生们的实习安全。

A 家长

B 朋友

C 同学

D 学校

(11) 实习期间的工作时间按有关行业规定执行，病、事假按规定执行并严格履行（　　）。

A 请假制度

B 销假制度

C 工作制度

D 管理制度

(12) 针对中职生实习期间缺乏明确的法律保障制度，顶岗实习前，学校与企业还要制定完善的（　　）。

A 顶岗实习协议书

B 实习协议

C 工作合同

D 就业协议书

(13) 顶岗实习前要做好角色转换的心理准备，有足够的心理承受能力，勇敢面对现实，对自己提出（　　）。

A 一般标准和要求

B 高标准

C 严要求

D 高标准和严要求

(14) 为了保证学生的利益，在实习之前学校会和用人单位、学生之间签订(　　)。

A 工作合同

B 三方协议

C 实习协议

D 顶岗实习协议书

（15）实习前学生应仔细鉴别招聘信息及招聘公司的合法性，通过正规途径，如（　　），获取信息，尽量选择信誉佳的公司应聘。

A 学校毕业生就业指导中心

B 当地的人事局

C 人才市场

D 学校毕业生就业指导中心、当地的人事局、人才市场

二、填空题

（1）参加________是中职生在学习一段时间后必须经历的一项实践活动。

（2）为了确保学生的人身安全，学校有必要在学生实习前，针对学生的心理特点，按照安全意识教育的相关内容，采用各种有效的方法，切实增强________。

（3）随意将自己的真实材料发布在网上，如________等，个人隐私一旦暴露，易引起一些不法分子的注意，进而引起他人的猜疑和攻击。

（4）中职实习中有各种________、器材、原材料等，有些具有一定的危险性，如物流实训中的叉车、电工实训中的电源电路、化工实训中的危险化工品、工程实训中的机床等。

（5）中职实习中存在的众多安全隐患必须引起学校和企业的重视，并采取“________，综合治理”的方针构建实习中的安全标准化体系。

（6）学校应该和实习单位、家长保持沟通，建立科学的________，及时了解学生实习及安全情况。

（7）除了必要的培训和风险提醒，学校需在学生实习之前要求他们购买________。

（8）学生进入实训室后，要服从________分组安排，进入指定的工位。

（9）用人单位不得安排学生从事高空、井下、________、高毒、________、国家规定的第四级体力劳动强度以及其他具有安全隐患的实习劳动。

（10）不得安排学生到酒吧、夜总会、歌厅、洗浴中心等________实习。

（11）学校要建立和完善“实习前有________、实习中有________、出险后有________”的全过程风险管控制度。

（12）中等职业院校毕业学生的________，是加强学生实践动手能力的培养，提高学生综合职业能力，促进________的重大举措。

（13）获得________是成功求职的第一步，同学们应仔细鉴别招聘信息及招聘公

司的________。

（14）接到面试通知时，要问清对方的________，若招聘单位只有手机单一联系方式，要高度警惕，谨防上当受骗。

（15）不要将个人的所有联系方式都提供给招聘单位，一般提供________即可，至于固定电话，可以提供学院负责就业工作老师的办公电话，最好不要提供宿舍或者家庭电话。

三、简答题

（1）在校园内实习时，如何提高实习安全意识？

____

____

____

____

____

____

（2）实习过程中主要的安全隐患包括哪几个方面？

____

____

____

____

____

____

（3）中职生实习求职时需要注意的安全事项有哪些？

____

____

____

____

____

____

（4）简述校外实习的主要安全隐患。

____

____

____

____

____

（5）请给即将参与企业实习的同学一些实习安全方面的建议。

7 健康安全

7.1 运动损伤

所谓运动损伤，就是指在运动过程中及运动之后，由机械性和物理性方面因素所造成的人体组织或器官在解剖上的破坏或生理上的紊乱。简单来说，也可以将运动损伤理解为在运动过程中发生的各种损伤。中职学生所处年龄阶段因其发展阶段特征，属于运动人群的主要组成部分，发生运动损伤的概率较大。那么怎样能够预防运动损伤呢？一旦出现运动损伤，我们应该怎样处理呢？

7.1.1 运动损伤的种类

【案例 7-1】

脆弱的膝盖

小贾是一名高中生，平时不喜欢运动的他为了减肥，决定每天进行上下楼梯的锻炼。没想到刚刚练习了一周的时间，小贾就觉得自己的膝盖活动不便，还伴有疼痛的症状，到医院检查，被告知患上了滑膜炎。

【案例 7-2】

抢断之痛

小李非常喜爱打篮球。一天打球的时候，小李伸手去抢断别人的传球，中指的指尖顶在了篮球上。当时小李就觉得手指很疼，休息了一会也不见好转。到了医院检查，被告知是手指关节的挫伤。

案例分析：以上两个案例，都属于运动损伤的范畴，那么这两个案例之间有什么区别吗？从造成运动损伤的过程来看，小贾的情况属于局部长期负担过度，由反复微细损伤积累造成的，我们一般将这种运动损伤称为慢性损伤；小李的情况则属于瞬间遭受直接或间接暴力造成的，我们一般将这种运动损伤称为急性损伤。

要注意的是，部分急性损伤如果处理不当或未完全康复就过早运动的话，很可能会转变为慢性损伤。例如肩膀脱臼属于急性损伤，但如果没有积极处理或没有等到完全康复而过早运动，很有可能会造成肩膀习惯性脱臼。习惯性脱臼属于慢性损伤，且很难根除。

知识链接

按照条件的不同，运动损伤有以下几种分类方法：

按照运动损伤的组织种类分类，运动损伤可分为肌肉肌腱损伤、关节囊和韧带损伤、关节脱位、内脏损伤、脑震荡、骨折等。

按照运动损伤的轻重分类，运动损伤可分为轻伤（不损失运动能力）、中等伤（丧失运动能力 24 小时以上，且需要到医院门诊治疗）和重伤（需要长期住院治疗）。

按照运动损伤的组织是否有创口及是否与外界相通来分类，运动损伤可分为开放性损伤和闭合性损伤。开放性损伤的特点是有组织液渗出和血液自创口流出，常见的有擦伤、裂伤、切伤、刺伤和开放性骨折等；而闭合性损伤的特点是皮肤、黏膜完整，损伤无裂口，不与外界相通，常见的有挫伤、肌肉筋膜拉伤、关节囊和韧带扭伤、肌腱腱鞘和滑囊损伤等。

按照运动损伤的发病缓急分类，运动损伤可分为急性损伤和慢性损伤。急性损伤的特点是瞬间遭受直接或间接暴力而造成损伤，急性损伤发病急，病程短，症状骤起；慢性损伤的特点则是局部长期负担过度，由反复微细损伤积累而造成损伤，慢性损伤发病缓慢，症状渐起，病程较长。

按照运动损伤的病因，运动损伤可分为原发性损伤和继发性损伤。如果损伤最先发生于某个器官或组织，那么对于这个组织和器官来说，这个损伤就是原发性损伤；相应的，如果这个损伤是由于其他器官或组织受伤而引起的，那么这个损伤就是继发性损伤。

7.1.2 运动损伤的危害

【案例 7-3】

被伤病困扰的球星

作为一名享誉全球的足球运动员，巴西的罗纳尔多被称为“世界上最难防守的前锋”，他的速度、控球、过人、技巧都令防守他的球员无可奈何。其实罗纳尔多本可以获得更高的成就，但伤病成了他无法逾越的一道坎。在其职业生涯里，罗纳尔多曾经多次遭遇伤病的困扰，其中最具代表性的就是1999年11月21日，意大利足球甲级联赛国际米兰对阵莱切的比赛中，罗纳尔多的髌骨腱局部断裂，这次受伤让他休息了144天。2000年4月12日，罗纳尔多在缺阵4个月之后重返赛场，在意大利杯决赛中再次代表国际米兰参赛，但在比赛第6分钟，罗纳尔多在尝试过人时摔倒，髌骨腱再次断裂。这次受伤让罗纳尔多在随后的一年零五个月里远离赛场。

运动损伤，最直接的危害就是导致受伤部位的运动能力暂时丧失或永久丧失，部分重伤如果处理不及时甚至会危及生命。同时，某一部位的运动损伤如果处理不当也有可能会造成继发性损伤。另外，部分急性运动损伤如果没有积极处理或没有等到完全康复就过早运动，很有可能会转化为慢性运动损伤，从而难以根除。

从案例7-3我们可以看到，罗纳尔多的第一次受伤使得他被迫休息了144天；而他由于在伤病没有完全恢复的情况下就运动，导致他在做技术动作时同一位置再次受伤。

7.1.3 运动损伤的预防

【案例7-4】

奇怪的体操

小曹是一名足球爱好者，所以他非常喜欢上体育课，这样就可以和同学们一起踢球。可是每次体育课的前十分钟，体育老师都会带领小曹和其他同学们做几组奇怪的体操，一会弯腰，一会抻腿。小曹很疑惑，跟老师说可不可以跳过这些环节。老师很认真地告诉小曹，这些是准备运动，是运动之前必要的热身，可以保护大家在踢球的时候不易受伤。

案例分析：热身运动也称为准备运动、准备活动，一般都是活动量较轻的肢体活动，目的是为了保障后面大运动量运动的高效性和安全性。

一般来说，热身运动主要作用于运动常用的肌肉、韧带与关节，通过适度的拉抻、活动，使其适应运动状态，从而起到保护身体机能、预防运动损伤的作用。不同的运动项目，所需要用到的主要肌肉群和关节等不尽相同，所以热身运动也有所偏重。

知识链接

预防运动损伤，应注意以下几点：

(1) 提高安全意识，从内心认识到运动损伤的危害及影响，从而主动地趋避可能造成运动损伤的诱因。

(2) 依据自身的体质特征合理安排运动负荷，并注意遵循循序渐进的原则，逐步提高自己的身体素质，不可过量运动。

(3) 在运动前要做好充分的准备活动，让身体适应运动状态，降低意外损伤的概率。

(4) 针对不同的运动项目，可佩戴相应的护具，保护关键或易受伤的部位。例如轮滑运动由于速度快、易摔倒，运动时应佩戴头盔、带护掌的手套、护肘和护膝；足球比赛由于对抗激烈，运动时应佩戴护腿板。在选择护具时我们也应注意，护具的规格和型号应与自己相匹配，过大或过小的护具都无法起到有效的保护作用。同时，在运动的过程中，应该摘除身上的首饰等装饰物，口袋内也不应放东西，尤其是锐利或坚硬的物品如钥匙、硬币等。

(5) 在运动过程中，时刻注意自己的动作，善于运用合理的保护动作保护自己。例如在跌倒时，尽量不用手撑地，以免造成掌骨或腕骨骨折，可蜷缩身体，在身体着地的时候顺着跌出的方向滚动身体，起到缓冲保护的作用。

(6) 运动结束时，应逐步减小运动量，不宜立刻终止运动。例如长距离跑步之后，不可立即坐下或躺下休息，而应走动一会，调整呼吸及心律。除此之外，运动后不宜立刻大量饮水和洗冷水澡。

(7) 运动后可通过按摩等方式放松疲劳的肌肉，这样有利于身体机能的快速恢复，减少运动损伤的几率。

知识拓展

常用的热身运动，有以下几种：

(1) 头部运动（颈部运动）：通过抬头、低头及头环绕等动作，活动颈部肌肉。

(2) 扩胸运动：通过双手握拳，胸前平屈向外扩、手臂伸直向外扩等循环动作，活动胸背部肌肉及韧带。

(3) 肩部运动。通过肩部环绕的动作，活动肩关节。

(4) 背部运动。通过直腿弯腰下摸的动作，活动背部、腿部后侧肌肉及韧带。

(5) 腰部运动。通过腰部环绕的动作，活动腰胯部及背腹部肌肉及韧带。

(6) 前压腿及侧压腿运动。通过弓箭步前压腿和侧压腿的动作，活动腿部肌肉及韧带。

(7) 踝腕膝关节运动。通过脚步踝关节、腿部膝关节、手部腕关节环绕的动作，活动上述关节。

7.1.4 运动损伤的处置和恢复

【案例 7–5】

冷敷？热敷？

在一场足球比赛中，小李的左脚踝不慎扭伤了，虽然并没有伤及骨头，但脚踝当时就肿了起来。同宿好友小刘见状，将小李搀回到宿舍，脱掉了他的球鞋和袜子，用沾满凉水的手巾为小李冷敷，之后又找来冰袋代替了手巾。看着帮自己忙前忙后的好朋友，小李很是感谢。

过了两天，小刘又拿来了沾满水的手巾，可这次小李发现手巾很热。小李糊涂了，明明一直是冷敷的，为什么突然又改成热敷了，到底应该是冷敷呢，还是热敷呢？

案例分析：在上面的案例中，小李的脚踝扭伤并肿了起来，说明由于肌肉或韧带撕裂出现了内出血的情况，这个时候用冷敷，是为了让出血的血管收缩，减轻出血程度，减轻疼痛；48 小时之后，出血处已凝结，这时改成热敷，是为了促进淤血的吸收，起到促进消肿的作用。所以案例中小刘先冷敷后热敷的做法是正确的。

另外要说的是，一旦发生扭伤后患处立刻肿胀疼痛，也有可能是骨折造成的，所以还是建议到医院进行系统准确的检查。

知识链接

常见的运动损伤及处理方法有以下几种：

(1) 擦伤。擦伤一般指皮肤表皮处的擦伤，一般情况下会伴有出血的情况。如果擦伤的部位较浅，用红药水涂抹患处即可；如果擦伤处有血或创面较脏的话，需先用生理盐水清洗创面，之后用红药水涂抹患处。

(2) 肌肉拉伤。肌肉拉伤一般是指肌肉在牵伸或收缩时过于猛烈，超过了肌肉本身的承受能力而导致肌纤维撕裂。肌肉拉伤一般都是由于身体过于疲劳、用力过猛或热身不足造成的。我们可以通过拉伤时的痛感来估计拉伤的严重程度，但只要感到疼痛，就一定要立刻停止运动，避免伤情恶化，之后对伤处进行冷敷，以使小血管收缩，减少局部充血、水肿。

（3）鼻出血。运动损伤范畴内的鼻出血，是指因受外力撞击而造成的鼻部出血。如果出现鼻出血的情况，应向后仰头，用嘴呼吸，用纱布塞住出血的鼻孔，用凉水拍打鼻翼、鼻梁及额头，一般可止血。如果出血较多或鼻梁肿痛，应及时就医。

（4）脑震荡。脑震荡是指头部受到外力打击或碰撞到坚硬物体，使脑神经细胞、纤维受到过度震动。脑震荡一般可分为轻度、中度和重度三个等级，轻度脑震荡的话，卧床休息一到两日即可恢复，如果在卧床休息时出现眩晕、恶心等症状，则需要及时就医；如果是重度脑震荡，则需要在受伤后保持伤者绝对安静，仰卧在平坦的地方，头部冷敷，注意保暖，及时送医院治疗。

（5）脱臼。脱臼是指由于直接或间接的暴力作用，使关节面脱离了正常的解剖位置。如果出现脱臼，不可乱伸乱扭，可以先冷敷，扎上绷带，保持关节固定不动，再请医生矫治。

（6）肌肉痉挛。肌肉痉挛也就是人们常说的“抽筋”，大量排汗、肌肉快速连续收缩、寒冷的刺激都有可能造成肌肉痉挛。最常见的肌肉痉挛就是小腿腓肠肌痉挛。出现小腿抽筋时可用双手握住脚掌，慢慢用力拉抻小腿后的肌肉。

（7）骨折。骨折分为两种，一种是皮肤不破，没有伤口，断骨不与外界相通，称为闭合性骨折；另一种是骨头的尖端穿过皮肤，有伤口与外界相通，称为开放性骨折。骨折属于典型的急性运动损伤，常伴有明显的疼痛、肿胀、淤血、功能丧失，有的甚至出现畸形或者出血。出现骨折后，应立即停止运动，止血止痛并对骨折处进行包扎固定，之后第一时间送医院治疗。要特别注意的是，如果怀疑脊柱骨折，需卧在门板或担架上，躯干四周用衣服、被单等垫好，不致移动，切记不能抬伤者头部，因为这样会引起伤者脊髓损伤或发生截瘫。

除了运动损伤的应急处理以外，之后的恢复训练也非常的重要，科学合理、循序渐进的康复训练可以有效地提高运动技能恢复的效率。除严重的损伤需要休息治疗外，一般的损伤不必完全停止身体练习。但应注意的是，康复训练应以不加重损伤、不影响损伤的愈合为前提，同时遵循全面训练、循序渐进、适宜运动的原则。在损伤愈合过程中，康复动作的幅度、频率、持续时间、负荷量的大小等都应逐渐增加。否则，会加重损伤或影响损伤的愈合，甚至会使损伤久治不愈而成陈旧性损伤。

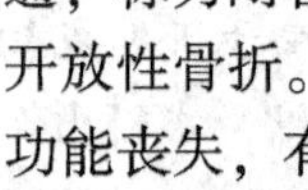

知识拓展

一旦出现运动损伤，首先要做的是判别受伤的种类，之后进行相应的应急处理。不同的运动损伤，处理的方式不尽相同，但以下四点内容适用于大多数运动损伤的处理，我们将其称之为“大米原则”（RICE）。

休息（Rest）：基本上所有的运动损伤都会使伤者暂时性的丧失部分运动能力，所以充分的休息是保证伤情不会恶化、身体机能尽快恢复的基础。休息适用于所有运动损伤的恢复。

冰敷（Ice compress）：冰敷可以通过收缩血管起到抑制出血和水肿的作用，同时还能起到一定的镇痛作用，所以被广泛运用于皮内组织受伤或出血的应急处理。

压迫（Constrict）：压迫可以缓解外伤出血的症状，同时能起到一定的固定作用，常见于骨折和外伤出血的应急处理。

抬高（Elevate）：抬高的作用同样是抑制出血，常见于四肢末端运动损伤的处理。

7.2 艾滋病

艾滋病，又称获得性免疫缺陷综合征，简称“AIDS”，是一种危害性极大的传染病，由于目前没有有效根治艾滋病的特效药物，且传染渠道较多，发病后有一定的致死率，所以人们“谈艾色变”，将艾滋病称为“20世纪的瘟疫”。那么，艾滋病的危害到底有多大？我们应该怎样正确认识艾滋病呢？怎样能够有效地预防艾滋病的传播呢？

7.2.1 艾滋病的危害

【案例7-6】

我国的第一例艾滋病病例

1985年6月4日下午4点40分，一名34岁、旅居美国15年的阿根廷籍游客因持续高烧和呼吸困难来到北京协和医院就医，由急诊收住院，经用药高烧一直不退，尤其是呼吸困难进展迅速，白细胞很低，X线片检查显示有弥漫性肺间质浸润，以网状结节影为主，这是卡氏肺孢子虫肺炎（PCP）的典型表现，而卡氏肺孢子虫肺炎是艾滋病最为常见的机会性感染之一。主治医生认为这是典型的艾滋病晚期。经联系患者的家庭医生后得知其已在一年前被诊断感染了艾滋病病毒。6月5日当天，患者开始昏迷。6月6日上午10时10分，患者死于中毒性休克、呼吸循环衰竭。

案例分析：通过上面的案例我们可以看出，我国的第一例艾滋病病例属于输入型病例。但该患者从发病至死亡仅仅不到两天的时间，说明了艾滋病的危害和高致死率。另外，患者最终的死因是呼吸循环衰竭，这也体现了艾滋病的一个特点：破坏人体的免疫系统，使得患者的机体抵抗力极度下降，诱发多种感染或罹患恶性肿瘤，最终患者会在长期消耗后器官衰竭死亡。

知识链接

通俗意义上我们所说的感染了艾滋病，其实是指感染了艾滋病病毒，也就是成为了 HIV 病毒携带者。HIV 病毒感染后，虽然可以被查出感染了病毒，但最开始的数年甚至 10 余年都可能没有任何临床表现，由此可见艾滋病初期有很强的隐蔽性。虽然没有临床症状，但病毒会持续不断地破坏人体的免疫系统，使得病毒感染者的机体抵抗力不断下降。而一旦发展为艾滋病，病人就可能会出现各种临床表现，一般初期的症状和普通感冒或流行性感冒类似，如全身疲劳无力、食欲减退、发热等。随着病情的加重，临床症状日见增多，如皮肤、黏膜出现白念珠菌感染，出现单纯疱疹、带状疱疹、紫斑、血疱、淤血斑等；以后病毒会渐渐侵犯内脏器官，出现原因不明的持续性发热，持续时间甚至可长达 3~4 个月；还可出现咳嗽、气促、呼吸困难、持续性腹泻、便血、肝脾肿大、并发恶性肿瘤等症状。

随着病毒侵入部分的不同，每个患者的临床症状也不尽相同，侵犯肺部的一般会出现呼吸困难、胸痛、咳嗽等症状；侵犯胃肠的一般会引起持续性腹泻、腹痛、消瘦无力等症状；侵犯神经系统的则可能会出现头晕、头痛、反应迟钝、智力减退、精神异常、抽搐、偏瘫、痴呆等症状。

虽然艾滋病已经引起了全球各个国家的高度关注，全世界众多医学研究者付出了巨大的努力，但令人遗憾的是，至今仍没能研制出根治艾滋病的特效药物，也还没有可用于预防的有效疫苗。目前针对艾滋病的治疗还仅限于持续、最大限度地降低患者体内的病毒量，尽可能地重建和维持免疫功能，提高艾滋病患者的生活质量，降低 HIV 相关的发病率和死亡率。所以说，相对于高传染率和致死率，无法根治才是现阶段艾滋病对人类最大的危害。

7.2.2 艾滋病的传染途径

【案例 7-7】

男婴通过母乳感染艾滋病

2012 年，一名 1 岁大的男婴通过母乳喂养感染了 HIV 病毒。病例报告中指出，这名男婴的母亲在怀孕期间检测 HIV 结果阴性，不久之后分娩产子。两个阶段检测结果均是阴性。但在男婴1岁时因支气管炎住院治疗，当时他和他的母亲均被确诊为HIV感染。据医生推测，该病例中，父亲在男婴出生后感染了HIV，然后将病毒传染给了妻子，而妻子在为孩子哺乳的时候，将HIV病毒传染给了孩子。

案例分析：上面这个案例中，孩子父亲感染HIV病毒的途径无法确认，孩子母亲则有可能是通过性行为的途径被传染上了HIV病毒，孩子则基本可以确定是通过母亲的乳汁传染上了HIV病毒。母婴感染是HIV病毒传播的途径之一，该案例中由于孩子的年龄过小，通过其他方式感染HIV病毒的可能性比较小。

知识链接

HIV病毒的携带者，不论其有没有发展为艾滋病患者，都能够将病毒传染给他人，所以我们不能凭有无临床症状来判断对方是否具备传染能力。HIV病毒存在于病毒携带者的体液和器官组织内，其中感染者的血、精液、阴道分泌液、乳汁、伤口渗出液中含有大量的艾滋病病毒，具有很强的传染性。而泪水、唾液、汗液、尿、粪便等在不混有血液和炎症渗出液的情况下含此种病毒很少，没有传染性。基于以上特点，HIV病毒的传播途径，主要有以下三种：

（1）性传播。HIV病毒感染者的精液或阴道分泌物中有很多的病毒，在性行为时，由于性交部位的冲突，很容易造成生殖器黏膜的细微破损，这时病毒就会乘虚而入，进入未感染者的血液中。值得一提的是，由于直肠的肠壁较阴道壁更容易破损，所以肛交的危险比正常性交的危险更大。

（2）血液传播。HIV病毒感染者的血液中有很多的病毒，所以血液接触是极易导致HIV病毒传播的一种方式。输入污染了HIV病毒的血液或血液制品，静脉药瘾者共用受HIV病毒污染的、未经消毒的针头及注射器，共用其他医疗器械或牙刷、剃刀等可能造成身体破损的日常生活用品，救护流血的伤员时救护者本身破损的肌肤触摸伤员的血液等都会造成HIV病毒的传播。

（3）母婴传播。如果一个女性在怀孕过程中感染了HIV病毒，那么病毒可以通过胎盘、胎儿通过产道、哺乳的方式传播给婴儿。如果是哺乳期的女性感染了HIV病毒，则必须立刻停止母乳喂养，避免将病毒传播给婴儿。

7.2.3 正确认识艾滋病患者及艾滋病病毒携带者

【案例7-8】

艾滋病慈善机构亲善大使维多利亚

2014年9月25日，英国著名歌唱演员大卫·维多利亚被联合国任命为艾滋病慈善机构亲善大使。在联合国大厦的讲话中，维多利亚坦言自己之所以决定接受这个任命，是因为自己二月份的南非之旅。在走访开普敦，接触了当地艾滋病患者，了解当地艾滋病毒母婴传播的相关情况之后，维多利亚受到了很大的触动。以此次任命为契机，她决定利用自己的名人效应来改变这个世界对于艾滋病和艾滋病病毒携带者的认识。

案例分析：HIV 病毒的传播途径主要是性、血液和母婴传染，所以在不接触 HIV 病毒携带者的血液、组织液等的前提下，是不会感染 HIV 病毒的。正如案例中介绍的，维多利亚在与艾滋病感染者的交谈、握手等正常接触过程中，是不会有被传染的危险的。所以面对艾滋病患者和 HIV 病毒携带者，我们应在合理防护的前提下平等地看待他们。

知识链接

高传染率、致死率和无法根治使得人们对于艾滋病产生了强烈的恐惧心理，同时也对艾滋病病毒携带者抱有恐惧和歧视的态度。其实艾滋病病毒也有弱点，它们只能在血液和体液中活的细胞中生存，而不能在空气中、水中和食物中存活。一旦离开了血液和体液，艾滋病病毒会很快死亡，换句话说只有带病毒的血液或体液从一个人体内直接进入到另一个人体内时才能传播。除此之外，艾滋病病毒进入消化道后，会被消化道内的蛋白酶所破坏，所以如果口腔、胃部没有溃疡等疾病的话，即使艾滋病病毒进入到消化道，也不会造成感染。因此，日常生活中的接触，如握手，共餐，生活在同一房间或办公室，接触电话、门把、便具，接触汗液或泪液等都不会感染艾滋病。

随着医学的不断进步，虽然目前在全世界范围内仍缺乏根治 HIV 感染的有效药物，但现阶段已可以通过药物和抗病毒治疗等方法达到一定程度的降低病毒载量、重建和维持免疫功能、提高生活质量、降低 HIV 相关的发病率和死亡率的效果。加之 HIV 病毒感染初期并无临床症状，所以在随时监控、积极配合治疗和主动避免传播病毒的前提下，无症状的 HIV 感染者仍可保持正常的工作和生活，而不必进行隔离治疗。

由于艾滋病可以通过性行为进行传播，不少人将艾滋病视为“脏病”，主观地认为艾滋病病毒携带者都是由于生活不检点所致，从而厌恶歧视他们。其实并不是所有的艾滋病病毒携带者都是由于性行为感染病毒的，我们不应以偏概全。尤其是艾滋病感染儿童，他们基本上都是由于血液传播或母婴传播而感染艾滋病毒的，其中绝大部分艾滋病感染儿童家庭贫困甚至不完整，作为弱势群体的他们更应该受到大众的接受和社会的关爱。

知识拓展

HIV 病毒在体液和血液中的活性是很强的，但是它无法在空气中存活。另外，液体中的 HIV 病毒在加热到 56℃10 分钟后即可灭活，如果煮沸的话则可以迅速灭活。常温状态时，用 70%的酒精、10%漂白粉、2%戊二醛、4%甲醛、35%异丙醇、0.5%来苏水和 0.3%过氧化氢等消毒剂处理 10 分钟，也可达到灭活的效果，所以如果涉及接触 HIV 病毒携带者使用的物品，可以用这些方式进行消毒。

7.2.4 艾滋病的预防

【案例 7–9】

世界艾滋病日

为提高人们对艾滋病的认识，世界卫生组织于 1988 年 1 月将每年的 12 月 1 日定为世界艾滋病日，号召世界各国和国际组织在这一天举办相关活动，宣传和普及预防艾滋病的知识。世界艾滋病日的标志是红绸带。设立该纪念日的目的在于树立全球范围内控制和预防艾滋病的信心，唤起人们对艾滋病病毒感染者的同情和理解，以及引起各国家对制定防治艾滋病规划的重视。

案例分析：艾滋病的预防，最基础的是对艾滋病的正确认识及足够重视，只有在内心认识到艾滋病的危害，才会自觉地抵制有可能提高感染艾滋病风险的行为习惯。这需要全社会共同努力，更需要我们每一个人从自身做起。

知识链接

由于目前在全世界范围内仍缺乏根治 HIV 病毒感染的有效药物，所以预防艾滋病是让我们免受艾滋病病毒危害的唯一渠道。那么对于预防艾滋病，除了提高认识、端正态度以外，掌握正确预防艾滋病的相关知识也是必不可少的。基于艾滋病病毒的传播方法，我们可以从以下几个方面预防艾滋病传染：

（1）坚持洁身自爱，不卖淫、不嫖娼，避免婚前、婚外性行为。

（2）严禁吸毒，不与他人共用注射器。

(3) 生病时要到正规的诊所、医院求治，注意输血安全，不要擅自输血和使用来源不明的血制品，不在非正式医院或采血处献血。不到医疗器械消毒不可靠的医疗单位特别是个体诊所打针、拔牙、针灸、手术。不用未消毒的器具穿耳孔、文身、美容。

(4) 不要借用或共用牙刷、剃须刀、刮脸刀等个人用品。尽量避免接触他人体液、血液，对被他人污染过的物品要及时消毒。

(5) 使用安全套是性生活中最有效的预防艾滋病的措施之一。

(6) 给艾滋病病人采血及注射时，注射器应采用一次性用品，病人的血液、排泄物、污染的物品应进行彻底焚烧。要避免直接与艾滋病患者的血液、精液、乳汁和尿液接触，切断其传播途径。

7.3 烟草与吸烟问题

吸烟有害健康，这是全世界公认的观点。2013 年世界卫生组织（WHO）发布消息称，全球每年因吸烟死亡的人数已经突破 600 万人大关，并且这个数字呈现持续增长的趋势。如今，青少年已经成为吸烟人群重要的组成部分，中国疾病预防控制中心 2012 年发布的报告中显示，我国青少年吸烟率为 6.3%，尝试吸烟率为 23.1%。全面禁烟已经是当今社会亟待解决的一项内容。

7.3.1 烟草的起源与传播

【案例 7-10】

浮雕上的吸烟者

墨西哥南部贾帕思州倍伦克的一座建于公元 432 年的神殿里，考古学家们发现了一幅浮雕。它是一张半浮雕画，浮雕上画着一个叼着长烟管烟袋的玛雅人，在举行祭祖典礼时，以管吹烟和吸烟的情景，头部还用烟叶裹着。考古学家们表示，这幅浮雕明确地告诉了我们在当时的美洲大陆就已经出现了吸烟现象。并且，考虑到浮雕上已经出现了吸食烟草的工具，考古学家们推测当地人用原始状态使用烟草的时间很有可能会更早。

案例分析： 迄今科学家们发现的人类吸烟史的佐证中绝大部分都是出现在美洲，这与目前常见的红花烟草性喜温热的特性相吻合，说明烟草起源于热带美洲大陆，之后被人类传播到世界各地。人类吸烟史也是一样，最早起源于美洲，大航海时代的海员们将大量的资源和财富带回到欧洲，同时也将吸食烟草这一行为传播到了欧洲，后又传播到了世界各地。

知识链接

目前人们普遍认为烟草最早起源于美洲。考古发现，人类尚处于原始社会时，烟草就进入到美洲居民的生活中了。那时，人们在采集食物时，无意识地摘下一片植物叶子放在嘴里咀嚼，因其具有很强的刺激性，正好起到恢复体力和提神打劲的作用，于是便经常采来咀嚼，次数多了，便成为一种嗜好。

烟草属茄科一年生或有限多年生草本植物，起源于美洲、大洋洲和南太平洋的一些岛屿。目前发现有 66 种，被栽培利用的仅有 2 种，即普通烟草（又称红花烟草）和黄花烟草。美洲印第安人栽培利用烟草的历史最早，1492 年 10 月，哥伦布率领探险队到达美洲，看到当地人在吸烟。

1558 年航海水手们将烟草种子带回葡萄牙，随后传遍欧洲。1612 年，英国殖民官员约翰·罗尔夫在美国弗吉尼亚州的詹姆斯镇大面积种植烟草，并开始做烟草贸易。

烟草传入中国最早是在 16 世纪中叶，开始传入的是晒晾烟，距今已有 400 多年的种植历史。1900 年在台湾试种烤烟，1910 年后山东、河南、安徽、辽宁等地相继试种烤烟成功，1937 年至 1940 年期间四川、贵州和云南开始试种烤烟。20 世纪 50 年代引进香料烟，20 世纪 60 年代引进白肋烟，分别在浙江新昌、湖北建始试种成功。黄花烟约在 200 年前由俄罗斯传入我国北部地区种植。

7.3.2 吸烟的危害

【案例 7-11】

吸烟与猝死

福建泉州市一名 20 岁出头的外来务工男青年林某，闲来无聊便和朋友比赛抽烟，一开始两人还一根一根地抽，到后来为了赢得比赛，小林将 5 根烟捆绑着一起抽。不到半小时，抽了 100 支。未来得及领奖，小林就出现极度呼吸急促，送医后不治身亡。抽烟猝死并非巧合。吸烟引起急性中毒死亡事件，不仅我国早有发生，在原苏联、英国、法国也都发生过因过量吸烟而猝死的事件。原苏联一个青年第一次吸雪茄，由于吸得太猛，那支雪茄还未吸完便一命归天。英国一个有多年烟龄的健康男性，因急于完成一项重要任务而通宵达旦地工作，一夜间竟吸了 14 支雪茄和 40 支香烟，早晨即感到难受，医生虽全力抢救，但最终也未能挽回他的生命。法国尼察的某个俱乐部曾举办了一个“别开生面”的吸烟比赛，遗憾的是以最快速度吸完 60 支香烟的“金牌”获得者，还没有来得及亲自捧回金牌便匆匆离开了人间。

案例分析：上述这些事例虽较罕见，但足以说明大量吸烟可因急性中毒、麻痹神经、损害心脏而置人于死地。烟草的重要成分是烟碱，也就是我们常说的尼古丁。尼古丁是一种难闻、味苦、无色透明的油质液体，挥发性强，通过口鼻支气管黏膜被机体吸收，黏在皮肤表面的尼古丁也可被吸收渗入体内。当大量尼古丁进入人体后，会引起血管收缩、心跳加快、血压上升、呼吸变快、精神兴奋，并促进血小板凝集，造成心脏血管阻塞、高血压、中风或心肌梗死甚至猝死。同时，香烟中大量的一氧化碳会降低血液吸收氧气的能力，只要空气中一氧化碳的含量达到千分之一左右，即可使血液中50%的血红蛋白成为一氧化碳血红蛋白，造成缺氧状态致死。

知识链接

吸烟的危害多种多样，现如今，吸烟不仅仅会危害人类的健康，同时也成为了一个严重的社会问题。

7.3.2.1　吸烟的生理危害

吸烟会对身体的各个器官造成伤害，使神经系统、内分泌系统、免疫系统的功能下降，更容易感染外界的疾病。经常吸烟的人较之常人更容易出现肺炎、支气管炎、喉炎、感冒、嗜睡、肺活量下降、记忆力减退、精神不振、坏血病、头痛、头昏、红绿色分辨不清等疾病。

（1）吸烟对心血管的损害。香烟中的一氧化碳会降低血液吸收氧气的能力，心肌缺氧引起冠状动脉梗死，心脏局部缺血（或心绞痛）促使动脉粥样化累积，而尼古丁能使心跳加快，血压升高，心脏的承受能力减弱，从而诱发多种心脏疾病。

（2）吸烟对脑部的损害。调查发现，吸烟者的中风概率较非吸烟人士要高出两倍，原因是吸烟导致脑部血管痉挛，使血液比较容易凝结，从而造成中风。除此之外，吸烟会使循环于脑部的氧气及血液减少，导致脑部血管出血及闭塞，从而诱发麻痹、智力衰退等其他脑部疾病。

（3）吸烟对口腔的损害。香烟中的焦油及烟雾的热量会使唾液腺发炎，味蕾受损，味觉和嗅觉能力大大减弱从而导致口腔癌。同时，烟气可使咽喉中的温度从37℃增加到42℃，造成咽喉中的黏膜微度烧伤继而产生慢性热创伤，最终导致喉癌。

（4）吸烟对肺部的损害。吸烟对肺部的影响是社会公认的吸烟对人体造成的最大危害。吸烟能引致支气管上皮细胞的纤毛变短和不规则及其运动发生障碍，降低局部性抵抗力最终引致肺癌。除此之外，吸烟产生的有毒物质在肺部支气管内积聚，会阻碍人体吸入的空气正常呼出，令肺部细胞膨胀或爆裂，导致患病者呼吸困难或肺气肿。

（5）吸烟对胃部的损害。吸烟会刺激神经系统，加速唾液及胃液的分泌，使胃肠一直处于紧张状态，导致吸烟者食欲缺乏。同时，烟草内的尼古丁会使胃肠黏膜的血管收缩，导致吸烟者食欲减退。除此之外，患有胃溃疡或十二指肠溃疡者，吸烟会减慢溃疡处的愈合，使肠胃病更恶化，甚至演变为慢性病。

（6）吸烟对骨骼的损害。研究发现，吸烟会干扰雌激素的分泌，而雌激素正是骨骼发展的重要荷尔蒙。另外，烟草中的尼古丁令血管收缩，降低了流到新生骨骼的血量。吸烟会导致关节炎，有严重背痛的人大部分都有很大烟瘾，这是因为吸烟会导致流向关节盘的血液减少，关节盘因而提早退化。

（7）吸烟对肝脏的损害。研究发现，抽烟会影响肝脏的脂质代谢作用，使血液中脂肪增加，良性胆固醇减少，恶性胆固醇增加，加重肝脏的负担，降低肝脏的解毒功能。

（8）吸烟对生殖系统的损害。吸烟对脊髓的神经中枢起抑制作用，使吸烟男人性欲变弱。同时由于吸烟能使血管收缩、痉挛，引起末梢血循环障碍，因此吸烟也是导致阳痿的最主要原因。另外，吸烟还会影响精子活力，使畸形精子增多。

7.3.2.2 吸烟的社会危害

吸烟现在已经成为引起火灾事故、危害公共安全的重要原因之一，每年因吸烟引发火灾造成的人身及财产损失难以统计。吸烟还会对家庭造成经济压力。青少年吸烟不仅会助长其追求享乐的生活态度，增加父母的经济负担，还会促成不良交往，诱发不良行为，甚至引发犯罪。部分青少年为了弄到买烟的钱，不惜偷窃、敲诈勒索、抢劫，最终触犯法律，受到了应有的制裁，断送了自己大好青春甚至一生。

知识拓展

在介绍吸烟对人类造成的危害时，经常会提到“二手烟”这个名词。吸烟时产生的烟雾会散发超过四千种气体和粒子物质，这些物质中的大部分都是很强烈的刺激物，其中至少有四十种在人类或动物身上可引致癌病。在吸烟者停止吸烟后，这些粒子仍能停留在空气中数小时，可被其他非吸烟人士吸进体内，这就是我们俗称的二手烟。除了刺激眼、鼻和咽喉外，二手烟会明显地增加非吸烟者患上肺癌和心脏疾病的机会。如果儿童与吸烟人士同住的话，他们的呼吸系统会更加容易受到感染，包括出现咳嗽、气喘、痰多等症状，损坏肺部功能和减缓肺部发育。

7.3.3 青少年吸烟的原因

【案例 7-12】

“老炮儿”还是“老烟炮儿”

2016 年，一部名为《老炮儿》的电影在全国各大院线上映，影片在赚足口碑的同时，影片内吸烟镜头泛滥的问题也受人诟病。全长 138 分钟的影片中，点烟、吸烟、递烟的涉烟镜头，在 28 个场景的 102 个镜头中出现，平均每一分多钟出现一次。虽然片方声称是为了还原市井生活，但还是遭到了多方的批评，甚至有人建议将片名改为《老烟炮儿》。

案例分析：其实像上面这个例子的情况并不是第一次发生，2007 年上映的《新上海滩》，也曾因过多的吸烟镜头引起一片讨伐声。2011 年广电总局发出《关于严格控制电影、电视剧中吸烟镜头的通知》，要求严控影视剧中的吸烟镜头。因为影片中过多的吸烟镜头确实会在客观上有误导吸烟的作用，容易对社会公众，特别是青少年产生不良影响。事实上确实有青少年因为喜爱某些影视作品中的人物形象而去模仿他们的行为，由于缺乏是非判别能力，人物的不良行为也容易被青少年盲目地模仿，其中就包括吸烟。

知识链接

如今，青少年吸烟已经成为一个严峻的社会问题，也受到了各方的关注。青少年吸烟，究其原因一般有以下几种：

(1) 对外界的模仿心理。青少年正处于发展的阶段，对外界的一切事物都会有好奇心。看见别人吸烟，他就会想吸烟到底是什么感觉，那样就促进了吸烟的欲望，况且这些成年人又习惯地在吸烟时表现出一副悠闲自得、其乐无穷的姿态，于是乎在不知不觉中吸烟就被青少年不加选择地学去了。

(2) 青春期的逆反心理。家里的父母、学校的老师以及亲戚朋友，都会告诫青少年不要吸烟，在这种情况下，由于青春期的逆反心理，他们就偏偏要对着干，去体会这种吸烟的感觉，无意中形成了愈禁愈吸的结果。

(3) 对外界的交际应酬。在现今社会风气的影响下，为了办事顺利、联络感情，人们往往以烟引路、以烟会友，此风对青少年影响明显。青少年，尤其是男生间相互敬烟成为习惯，路遇、串门离不开香烟沟通，甚至形成了“烟可使人产生亲近感，减少障碍，提高办事效率”的错误认识。

（4）对外界压力的错误释放。现在大多数青少年都承受着一定的外界压力，这些压力有的来自家长和老师，有的来自于周围的环境和人际关系。但青少年由于心智发育尚未完全成熟，可能无法正确有效地释放所累积的压力，由此会产生紧张、恐惧的心理。而当焦虑、怨恨的情绪不能止常合埋地发泄时，他们便借吸烟来表示反抗，企求在苦闷中得以解脱。

（5）与周围人的攀比心理。有些青少年会觉得，自己的朋友吸烟，如果自己不吸会显得不合群，甚至觉得自己不如对方“成熟大气”、“有派头”，如此一来，就很容易染上吸烟的习惯。在他们看来，吸烟是一种对朋友的认可和趋同行为。

7.3.4 戒烟小知识

【案例 7–13】

毛主席戒烟

毛主席爱抽烟，这是大家都知道的事情。但是在 1945 年在重庆与蒋介石进行谈判的时候，毛主席始终未抽一支烟。谈判结束后，蒋介石告诉陈布雷说：“毛泽东此人不可轻视。他嗜烟如命，据说每天要抽一听（50 支装）。但他知道我不吸烟后，在同我谈话期间绝不抽一支烟，对他的决心和精神不可小视啊！”

案例分析：戒烟，其实是一个比较主观的行为，成功与否基本上由戒烟者的态度和所采用的方式所决定。上面的案例中，蒋介石就将毛主席克制烟瘾的原因归结于其强大的意志力和精神力。我们的周围随处可见戒烟失败的例子，但也有很多成功戒烟的例子，除了戒烟的方法可能不同外，戒烟者戒烟态度的坚决程度和自我约束、自我控制的能力也是非常重要的。

知识链接

对于绝大多数戒烟者来说，戒烟是一个痛苦的过程。其实不仅仅是戒烟，几乎所有的戒瘾行为都是比较困难的。为了提高成功戒烟的概率，我们可以从以下几个方面努力：

（1）坚定决心。俗话说得好，态度决定一切。坚决的戒烟态度可以帮助你自觉抵制复吸的诱惑。如果觉得自己的态度和决心有所衰减，可以通过总结成果自我鼓励、提高吸烟危害认识、结伴戒烟互相勉励等方式明确自己戒烟的态度，坚定自己能够成功戒烟的信心。

（2）破坏环境条件。一方面，丢弃已有的香烟、打火机等烟具，可以让你在想吸烟的时候因没有条件而延缓行为，为自我劝解赢取时间，避免戒烟失败；另一方面，自觉远离吸烟环境，比如爱劝你吸烟的朋友、容易发生吸烟现象的场合等，这样可以减少你吸烟的冲动次数。

（3）合理利用替代物。烟草中对人体危害最大的是一氧化碳和焦油，而造成人们吸烟成瘾的成分是尼古丁，人们由于对尼古丁的依赖而不断地吸烟，从而接触一氧化碳、焦油等有害物质。随着科学技术的发展，人们通过研究发现，尼古丁是一种存在于茄科植物（烟草属于茄科植物）中的生物碱，而其他很多茄科植物中也有少量的尼古丁存在。现在已经出现了尼古丁替代疗法，可以对戒烟行为起到积极的影响作用。除了生理上的替代以外，对于心理上对烟草的依赖，我们应该积极寻求其他有意义的事情来代替对烟草的关注。吸烟的人，一有时间就会自然而然地去拿烟，通常都不受自己的意识控制，这也是因为形成习惯的原因。这就需要我们在戒烟期间，多做一些其他事情，别让自己有太多的闲暇时间，以此来转移自己的注意力。运动就是一种非常适合的替代活动，它不仅可以转移我们的注意力，还能锻炼我们的体魄，提高身体机能和免疫力。

（4）合理利用抑制物。科学研究发现，维生素 C 不仅对人身体有益，还可以使人产生对烟草气味恶心的感觉，所以可以通过服用维生素 C 的方式抑制吸烟欲望，甚至可以逐渐戒除烟瘾。另外，从精神层面上，亲朋好友对你的监督和劝阻也是很好的抑制物。履行自己的戒烟承诺、承担对家人朋友应尽的责任也可以帮助你克制吸烟的冲动。

知识拓展

尼古丁替代疗法，也就是以非烟草的形式、小剂量安全性好的尼古丁制剂，取代烟草中的尼古丁，其所提供的尼古丁小于抽烟所得，但足以减少戒瘾症状。在使用一段时间后，戒烟者尼古丁的摄取量逐渐减至最低，进而克服掉吸烟的习惯，达到戒烟成功的目的。

7.4　技能训练：骨折急救

常见的运动损伤中，伤情比较严重、危害较大的一种情况就是骨折。骨折，就是指骨头因受到外力作用导致不完整。一旦出现骨折状况，轻者受伤部分肿胀疼痛，丧失活动能力，重者还会导致外伤出血甚至休克。对于骨折患者，第一时间的应急处理至关重要，这不仅可以减少疼痛、避免伤情的恶化，更可以为后续治疗以及之后的恢复打下良好的基础。本节介绍常见骨折的应急处理办法，并进行相应的行为技能训练。

【训练项目】

（1）小臂骨折的急救固定。

（2）小腿骨折的急救固定。

【课时安排】

2 课时。其中介绍及演示操作 1 课时，分组练习及总结 1 课时。

【分组情况】

3 人为一组，在三项练习中分别轮流扮演伤员、急救人员和协助人员。

【所需器材】

夹板、小夹板、三角巾、曲别针、医用橡皮膏、绷带、纱布、棉垫。

【具体内容】

A　小臂骨折的急救固定

步骤一：判断情况。判断意识，确认伤者意识清楚，能够配合急救者工作；判断受伤部位有无肿胀、畸形、异常活动等。

步骤二：小夹板固定。让伤者保持坐姿，用一块合适的夹板置于受伤小臂下面，用绷带把伤肢和夹板螺旋包扎固定，松紧适宜，并检查肢端血运是否正常。

步骤三：三角巾固定。三角巾顶角对着伤肢肘关节，一底角置于健侧胸部过肩于背后，伤臂屈肘（功能位）放于三角巾中部，三角巾另一底角包绕伤臂反折至伤侧肩部。两底角在颈侧方打结，顶角向肘前反折，用别针固定。最终将前臂悬吊于胸前。

B　小腿骨折的急救固定

步骤一：判断情况。判断意识，确认伤者意识清楚，能够配合急救者工作；判断受伤部位有无肿胀、畸形、异常活动等。

步骤二：夹板固定。让伤者就地保持仰卧姿势，伤腿伸直。夹板长度超过膝关节，上端固定至大腿，下端固定至跖关节及足底。并将健肢靠近伤肢，使双下肢并列，两足对齐。关节处及空隙部位均放置衬垫，用 5~7 条三角巾或布带先将骨折部位的上下两端固定，然后分别固定大腿、膝、踝等处。足部用三角巾“8”字固定，使足部与小腿呈直角。

【总结与讨论】

（1）骨折固定的目的。避免骨折断端刺伤皮肤、血管和神经。同时通过固定肢体可以使伤员安静以减轻疼痛，便于运送，避免在搬运与运送中增加受伤者的痛苦。

（2）判断伤员发生骨折的方法。有明显开放性骨折外伤，或者出现疼痛症状，局部肿胀；并出现畸形骨擦音异常活动等骨折特有体征。

（3）骨折固定的基本原则。在对骨折伤者进行急救处理时，应本着先救命后治伤的原则，呼吸、心跳停止者应立即进行心肺复苏。开放性骨折或有大出血时，应先止血，再包扎，最后再固定骨折部位。

（4）骨折固定注意事项。

1）开放性骨折的，必须先止血，再包扎，最后再进行骨折固定。

2）下肢或脊柱骨折的，应就地固定，尽量不要移动伤员。

3）夹板等固定材料不要与皮肤直接接触，要用棉垫、衣物等柔软物垫好，尤其是骨突部位及夹板两端。

4）固定四肢骨折时应露出指（趾）端，以便随时观察血液循环情况，如有苍白、发冷、麻木等表现，应立即松开重新固定，以免造成肢体缺血、坏死。

思考与练习

一、选择题

（1）瞬间遭受直接或间接暴力而造成的运动损伤称之为（　　）。

A 急性损伤

B 慢性损伤

C 开放性损伤

D 挫伤

（2）按照运动损伤的组织是否有创口与外界相通来分类，下面哪种运动损伤属于开放性损伤？（　　）

A 挫伤

B 刺伤

C 韧带扭伤

D 肌肉拉伤

（3）长距离跑步之后，应当（　　）。

A 立刻躺下休息

B 大量饮水

C 走动一会，调整呼吸及心律

D 洗冷水澡

（4）如果出现鼻出血的情况，不应（　　）。

A 向后仰头

B 用嘴呼吸

C 用纱布塞住出血的鼻孔

D 用温水拍打鼻翼、鼻梁及额头

(5) 运动损伤康复训练的原则不包括（　　）。

A 完全静养

B 全面训练

C 循序渐进

D 适宜运动

(6) 抑制出血的方法不包括（　　）。

A 压迫

B 按摩

C 冰敷

D 抬高

(7) 艾滋病又称（　　）。

A 先天性免疫缺陷综合征

B 遗传性免疫缺陷综合征

C 获得性免疫缺陷综合征

D 原发性免疫缺陷综合征

(8) 艾滋病的主要传播途径不包括（　　）。

A 性传播

B 血液传播

C 母婴传播

D 飞沫传播

(9) 世界艾滋病日为每年的（　　）。

A 12 月 1 日

B 12 月 2 日

C 12 月 3 日

D 12 月 4 日

(10) 预防艾滋病传染，我们应做到（　　）。

A 与他人共用注射器

B 生病时要到正规的诊所、医院求治

C 在非正式医院或采血处献血

D 借用或共用牙刷、剃须刀、刮脸刀等个人用品

(11) 目前人们普遍认为烟草最早源于（　　）。

A 亚洲

B 欧洲

C 美洲

D 非洲

(12) 烟草的重要成分是（　　），也就是我们常说的尼古丁。
A 焦油
B 一氧化碳
C 二氧化硫
D 烟碱

(13) 吸烟对（　　）的影响是社会公认的吸烟对人体造成的最大危害。
A 肺部
B 胃部
C 骨骼
D 肝脏

(14) 造成人们吸烟易成瘾的成分是（　　）。
A 焦油
B 尼古丁
C 一氧化碳
D 烟雾

(15) 科学研究发现，（　　）不仅对人身体有益，还可以使人产生对烟草气味恶心的感觉。
A 维生素 A
B 维生素 B
C 维生素 C
D 维生素 E

二、填空题

(1) 按照发病缓急分类，运动损伤可分为________损伤和________损伤。
(2) 如果出现肌肉拉伤的情况，应立即停止运动，之后对伤处进行________，以使小血管收缩，减少局部充血、水肿。
(3) 骨折一般分为闭合性骨折和________骨折。
(4) 部分急性损伤如果处理不当或未完全康复而过早运动的话，很可能会转变为________损伤。
(5) 冰敷可以通过收缩血管起到抑制出血和水肿的作用，同时还能起到一定的________作用。
(6) 艾滋病病毒的传染途径有________、________、________三种。
(7) 为提高人们对艾滋病的认识，世界卫生组织于 1988 年 1 月将每年的________月________日定为世界艾滋病日。

（8）相对于高传染率和致死率，________才是现阶段艾滋病对人类最大的危害。

（9）HIV 病毒感染后，虽然可以被查出感染了病毒，但最开始的数年甚至 10 余年都可能没有任何临床表现，由此可见艾滋病初期有很强的________。

（10）液体中的 HIV 病毒在加热到 56℃时 10 分钟即可灭活，如果________则可以迅速灭活。

（11）香烟中的________会降低血液吸收氧气的能力。

（12）烟草的重要成分是烟碱，也就是我们常说的________。

（13）对于戒烟者来说，____________________是一种非常适合的替代活动，它不仅可以转移我们的注意力，还能锻炼我们的体魄，提高身体机能和免疫力。

（14）在吸烟者停止吸烟后，吸烟时产生的致病粒子仍能停留在空气中数小时，可被其他非吸烟人士吸进体内，这就是我们俗称的________。

（15）当大量________进入人体后，会引起血管收缩、心跳加快、血压上升、呼吸变快、精神兴奋，并促进血小板凝集，造成心脏血管阻塞、高血压、中风或心肌梗死甚至猝死。

三、简答题

（1）按照损伤的轻重分类，运动损伤可分为哪几类？

____

____

____

____

____

____

（2）怎样预防运动损伤？

____

____

____

____

____

____

（3）预防艾滋病，我们应该注意哪些内容？

____

____

____

（4）简述青少年吸烟的原因。

（5）为了提高成功戒烟的概率，我们可以从哪几个方面努力？

（6）骨折固定的注意事项有哪些？

8 突发性意外伤害事件与自然灾害应对

8.1 突发性意外伤害事件应对

一个人从出生到进入社会工作的期间，正是身体、思想发育成长至成熟的阶段，对很多事物都有新鲜感，做事大胆、不思前顾后。尤其是中职生这个年龄层，已经逐渐脱离了父母的管教，有一定的叛逆心理，做事有自己的主意。但是缺乏安全意识、不会保护自己、没有预见性、做事不思前顾后的他们很容易被一些生活中常做的事伤害到自己，轻则流血骨折，重责危及生命。

据统计，我国每年大约有1.6万中小学生非正常死亡，中小学生因安全事故死亡的，平均每天有40多人，也就是说每天约有一个班的学生在“消失”。其中包括交通事故、食物中毒、打架斗殴、体育运动损伤、火灾火险、溺水等等。专家指出：通过安全教育，提高我们的自我保护能力，80%的意外伤害事故是可以避免的。

本章我们主要介绍学生容易在校内发生的一些意外伤害事件。

8.1.1 了解突发性意外伤害

【案例8-1】

运动会损伤

某校举办秋季运动会。一天上午，该校五（2）班的学生小张正在铅球场上与其他小运动员激烈角逐，30多名同学在赛场周围呐喊助威。突然，小张因投掷的姿势不对，将5公斤重的铅球投偏了方向，铅球飞出投掷区，砸向了站在离投掷点7米多远的同班同学小李的头部。小李当场倒地，两眼翻白，不省人事。该校迅速将小李送医院急救，发现小李伤情严重，必须进行手术治疗。

案例分析：小张身为运动员，当时正在全力以赴地和其他运动员比赛扔铅球；而小李身为观众，在7米远的地方观看比赛。小张在投铅球时因姿势错误，误将铅球投至观众，将正在观看比赛的小李砸中。小张的本意并非想将铅球砸到同学身上，而小李如果意识到自己距比赛场地太近会被铅球砸至重伤，也不会离这么近去看比赛，甚至不去看比赛。此次事故纯属意外，两名同学谁都不想发生这样的事。

知识链接

8.1.1.1　意外伤害的定义

意外伤害是指因意外导致身体受到伤害的事件，是指外来的、突发的、非本意的、非疾病的使身体受到伤害的客观事件。

8.1.1.2　意外伤害的四个要素

（1）非本意的：即未预料到的和非故意的事故，如飞机坠毁、行道树倒下等情况。有些意外事故是应该预料到的，但由于疏忽而引致的，如在停电时未切断电源修理线路，因修理中恢复供电而触电身亡。另有一些事故虽是可以预见到的，但在客观上无法抗拒或在技术上不能采取措施避免的事故，如楼房失火，火封住门口和走道，迫不得已从窗口跳下，摔成重伤。以上这些均属于意外事故。但凡是故意行为使自己遭受伤害，如自杀、自伤，均不属于意外事故。

（2）外来原因造成的：指身体外部原因造成的事故，如食物中毒、失足落水。

（3）突然发生的：即意外伤害在极短时间内发生，来不及预防，如行人被汽车突然撞倒。铅中毒、矽肺等职业病虽然是外来致害物质对人体的侵害，但由于伤害是逐步造成的，而且是可以预见和预防的，不属于意外事故。

（4）非疾病的：指非疾病引发的身体伤害。

【案例 8-2】

无意伤害也可怕

一天放学后，某小学两名学生小乔和小王在学校操场一起玩耍。小王把小乔当做靶子，取出自制的小弓箭放上小木棍玩射击游戏，玩得特别开心。可是，就在小王对小乔射第三箭时，悲剧发生了！尖尖的小木棍飞快地往前飞去，一下击中了小乔的右眼，小乔捂着眼睛疼得在地上打滚，鲜血不停地从眼睛里流出来，小王吓得目瞪口呆，赶紧去学校找老师。老师们赶来后，立刻把小乔送到了医院，医生竭尽全力进行抢救治疗。可是因为伤势严重，虽然花费医疗费 6 万余元，小乔的眼睛始终没有治好，几乎看不见任何东西，造成了终身残疾。

案例分析：小王对小乔射箭的本意不是想要伤害小乔，而是互相一起玩耍。

小乔眼部的伤是被木棍所伤，不是自身疾病所造成。小木棍从弓箭射出到击中小乔的眼睛所需时间很短，无法预防。

知识拓展

有的人可能会认为，案例中的事不会发生在自己身上，意外伤害跟自己无关。其实意外伤害时时刻刻的存在于我们每一个人的生活中，比如被玻璃、金属划伤手指、走路时被绊倒、在水房里被热水烫到、被桌子椅子磕碰、同学间互相打闹时失手伤人等，只不过这些伤害对我们的生命安全没有构成危害，所以容易被我们忽略。突发性意外伤害最可怕的一个因素就是它的突发性、不可预知性。案例 8-1 中的小李怎么会能想到观看一场铅球比赛可能造成自己终身残疾。案例 8-2 中的小乔要是能预知自己可能会失明，绝对不会给别人当箭靶。因此我们不可小看突发性意外伤害，一些看似不经意的行为很可能给我们造成终身性的伤害。

8.1.2 突发性意外伤害的类型

一般，人们将引发意外伤害的行为分为两种：一种是生活中必要的行为，比如走路、上下楼梯、做饭、烧开水等，这类行为是我们生活中不可避免的，是我们生活中的一部分；另一种是非必要的行为，比如在河边行走、横穿马路跨越护栏等，这类行为我们可以选择不做，因为做与不做不会影响我们的生活。

8.1.2.1 必要行为引发的意外伤害

【案例 8-3】

风大出行要谨慎

小明是某校的学生，他总是喜欢在离楼体最近的地方行走。有一天刮大风，小明依然在挨着楼最近的地方行走，大风将楼外侧一些松动的物体吹掉，砸到了小明的头上。

在日常生活中穿梭于高楼之间，这是不可避免的。当天气不好时，尤其是大风天，强劲的风力很容易将楼外侧的一些东西吹落下来，比如壁砖、花盆、窗户围栏等。这时我们就要尽可能地远离高楼大厦，不在楼根部行走，如果行走的地方离楼较近，我们应不停地抬头观察且用最快的时间通过。小明就是忽略了危险的存在才导致悲剧的发生。

【案例 8-4】

拥挤慢行

某职校的学生在中午放学铃响后，学生们为了用最快的时间去食堂排队买饭，都在铃响后冲出教室，跑向楼梯间，由于人数较多且集中，最终发生了踩踏事故。

学生在校园生活，无论是在宿舍楼还是教学楼，楼梯间是必经之路，上课、下课时人员集中，而踩踏事故往往就是发生在人数众多且集中的时候，楼道楼梯的空间又有限，因此非常容易发生安全事故。我们应该避开人员集中的地方和时间，进而保证我们自身的人身安全，“宁停三分，不抢一秒”这句话在这里一样适用。

由于这类行为是生活中不可或缺的部分，所以我们不能选择“不做”这个方法来预防意外伤害的发生，我们只能通过周围多方面因素来判断怎样做才是最安全的。

8.1.2.2　非必要行为引发的意外伤害

【案例 8-5】

教室勿打闹

辽宁省某中学一年级学生王某，在课间活动奔跑过程中，绊倒在地上，造成右手肘关节肿痛。事发后学校及时与其家长联系，同时把王某送到附近医院，经检查是右手肘关节处轻微骨裂。接下来由学生家长送孩子就治，但三个星期后，医生告知王某右手肘关节处已经错位，要到大医院进行手术治疗。

课间时间同学们可以在座位上休息，也可以去卫生间。王某因为奔跑才引发意外绊倒，导致身体受伤。而王某在课间时的奔跑不是必要的行为。

【案例 8-6】

游戏要小心

小婕与小芸均为某校学生。某日午休时间，两人和其他学生在操场上玩“跳马”游戏，由一人扮“马”，其他人从其身上跳过。小芸扮作“马”，小婕在跳跃的过程中受伤。经医生诊断，小婕为脾破裂（四度），腹腔积血，需急诊手术治疗，行脾部分切除术。术中小婕失血1300毫升，输血800毫升。华东政法大学司法鉴定中心对小婕伤势的鉴定结论为：因外力作用致脾脏破裂，并行部分切除术，评定为九级伤残。

小婕的受伤是在与小芸玩“跳马”的游戏中所导致的，而时间发生在中午休息时，“跳马”并非中午休息时的必要行为，而是小婕与小芸自己选择的放松方式。

此类意外伤害并非我们的生活中所必须要做的，因此我们可以选择不去做而达到预防意外伤害的目的。

8.1.3 突发性意外伤害的预防

突发性意外伤害潜藏在我们日常生活中所做的任何事当中，无论是必要的还是非必要的。它之所以会突然发生是因为这些行为我们平时总在做，而且大部分时候是安全的，不会伤害到我们，因此我们容易忽略其中潜藏的危险，而危险发生时让我们措手不及。

中职生已经可以判断出哪些行为比较危险了。例如，中职生可以判断出在河边走本身就是很危险的事，一不小心就容易掉河里；也可以判断拿着菜刀切菜容易伤害到自己。人们在知道该行为的危险性后，还选择去做的原因是人们相信，发生伤害的几率很低，而且只要自己小心谨慎，就能避免伤害的发生。

中职生首先要明确，最易发生安全事故的时间出现在体育课、运动会、课外活动、集体活动、上实验课、与同学做游戏或打闹时，最易发生安全事故的地点是楼梯、楼门口、操场、厕所等。

其次，中职生在校园活动时要有意识地加强安全防护，在做任何事之前先预判一下要做的行为是否有危险。对于必须要做的行为，我们要根据周围环境因素来判断会发生意外伤害的可能性，同时选择最安全的做法。对于非必要的行为，我们同样要通过周围因素来判断是否会发生意外伤害，如果我们已能够预料到会有意外发生时，应尽可能地通过不去做来避免意外伤害的发生。

最后，中职生还应该多参加学校组织的安全教育，多看一些有关安全的新闻，增强自身的安全意识。对于来自老师或其他人的安全提醒，以及我们看到的安全警示，我们一定要按照要求去做，因为这些提醒或警示都是人们通过各种安全事故总结出来的经验教训。

8.1.4 突发性意外伤害的处理

我们在校园生活时除了要学会预防突发性意外伤害的发生，还要知道在意外伤害发生时如何去处理。

【案例 8-7】

受伤处理要及时

南京市某中学下午课外活动时，高一学生在大操场踢足球，学生王某踢得高兴，接一高球时，跳了起来，一不小心却跌倒了，后脑勺着地。同学把他扶起来，未见有明显外伤，王某也没在意，休息一会儿又接着踢直至下课。放学时，王某感到头晕，就打车回家了。到家后更感到头晕，便叫表哥给他吃一点药，又怕父母说他，特别嘱咐表哥不要告诉其父母。第二天，他仍到校上课，也没和同学说起头晕，下午有体育课，他又和同学一起踢球，踢着踢着，晕得更厉害了，此时老师才知道王某头一天摔倒的事，立即将他送至附近医院，后又转至脑科医院。经检查，医生发现王某脑中积血很多，于是一面抢救，一面通知家长，但最后王某不幸死于脑积血并发症。

案例分析：我们在进行体育活动时，和人发生身体碰撞、摔倒在地都是在所难免的。王某在后脑勺着地后没有及时告诉老师，回家后感到头晕后也没有去医院做检查，在第二天仍然上体育课。王某在受伤后没有去相关医疗机构做检查，自作主张的吃了点药，耽误了最佳治疗时间，最终死于脑积血并发症。

知识链接

我们应掌握一些意外伤害的简单处理方法，在发生意外伤害后，先根据伤情做初步处理，然后再去医院做治疗，这样能防止在去医院的途中耽误伤口的最佳处理时间。

（1）首先保持冷静的态度，不惊慌失措，大脑快速反应做出应对。

（2）走路或跑步不小心崴着脚是经常的事，在发生即将扭伤脚部的那一刻，正确的做法就是：顺势倒地，将全身的重量分配到身体其他部位，一定要选择肌肉先落地，千万不要将身体的重量被动转移到即将受伤的脚部。做到这一点，你就可以将所受的伤害降到最低程度。

（3）向后摔倒时的应对方法：大脑是人的重要器官，向后摔倒会遭受较大的伤害，大脑受伤，轻则脑震荡，重则成为植物人。因此，向后摔倒时，关键要保护的部位就是我们的后脑。出现意外向后摔倒时，正确的做法是：一定要低头、指尖向前，以小臂、大臂、背部依次着地，千万不能让后脑先着地，这样就能保护你的大脑和关节不会受到伤害。

（4）正面摔倒时的应对方法：正面摔倒时，人的本能会及时的为保持平衡作出挣扎，有时这种挣扎的确可以让我们化险为夷；但是更多时候，却会让我们失去作出更好应对措施的时间，反而遭受更大的伤害。正确的做法是：挣扎无效将要摔倒时，一定要避免自己的关节、骨头与地面的先接触，尽量选择身体的肌肉部位先洛地！要做到这点，关键是要保持冷静，人脑快速反应做出选择。

（5）头部受伤的应对办法：如果不慎摔倒或其他原因磕到了头部但并无外伤，首先找个地方或在原地，慢慢坐下来让自己缓一缓。不要用手用力去揉，以免加重肿胀。用冰袋或毛巾包着冰块对痛处进行冰敷，找不到冰块用冷水浸湿毛巾后敷在痛处，也可以帮助消肿和止痛。之后感受一下自己是否出现眩晕、恶心呕吐、胸口发闷、意识模糊等情况，如果存在这些情况，且长时间不消失，建议立刻去大医院进行检查。如果磕到头部且有明显外伤，应及时去医疗机构，对伤口进行相应的处理，之后再观察身体有无其他不适感。

一旦我们发生了意外伤害后，一定要找到老师说明情况，或就近去学校的医务室，一定让专业人员做初步诊断，不要擅作主张，因为有的时候我们所受到的伤害在身体内部，这些伤害通过眼睛是无法看出来的。在做好初步诊断和相关处理后，如有需要，要去大医院做更进一步的诊断治疗。在治疗期间，我们一定要按照医生的要求去做，切不可因小失大，让我们的身体受到终身性的伤害。

8.2 地震灾害应对

2008 年 5 月 12 日 14 时 28 分 04 秒，我国四川省汶川县发生了自新中国成立以来破坏性最强、波及范围最大的一次地震。这次地震危害极大，共遇难 69227 人，受伤 374643 人，失踪 17923 人，直接经济损失达 8452 亿元。在灾难面前，我们不禁感叹，大自然的力量是如此可怕。我国是地震频发的国家之一，地震的来临总是非常突然，为了预防地震，减少地震引发的损伤，大家有必要学习防震的方法和措施。

8.2.1 认识地震

据统计，地球上每年约发生 500 多万次地震，即每天要发生上万次地震。其中绝大多数太小或太远，以至于人们感觉不到；真正能对人类造成严重危害的地震大约有十几二十次；能造成特别严重灾害的地震大约有一两次。

当前的科技水平尚无法预测地震的到来，而且在未来相当长的一段时间内，地震也是无法预测的。

8.2.1.1 地震成因

地球表层的岩石圈称作地壳，地球上板块与板块之间相互挤压碰撞，造成地壳岩层受力后快速破裂错动引起地表振动或破坏就称为地震。地震是地壳快速释放能量过程中造成振动，期间会产生地震波，是一种极其普通和常见的自然现象。

地震开始发生的地点称为震源，震源正上方的地面称为震中。地震常常造成严重人员伤亡，能引起火灾、水灾、有毒气体泄漏、细菌及放射性物质扩散，还可能造成海啸、滑坡、崩塌、地裂缝等次生灾害。

8.2.1.2　地震的分类

按形成原因分类，地震可分为如下几种：

（1）构造地震。构造地震是岩层由于断裂，发生变位错动，在地质构造上发生巨大变化而产生的地震，也称断裂地震。

（2）火山地震。火山地震是由火山爆发时所引起的能量冲击而产生的地壳振动。火山地震有时也相当强烈。但这种地震所波及的地区通常只限于火山附近的几十公里远的范围内，而且发生次数也较少，只占地震次数的7%左右，所造成的危害较轻。

（3）陷落地震。陷落地震是由于地层陷落引起的地震。这种地震发生的次数更少，只占地震总次数的3%左右，震级很小，影响范围有限，破坏也较小。

（4）诱发地震。诱发地震是在特定的地区因某种地壳外界因素诱发（如陨石坠落、水库蓄水、深井注水）而引起的地震。

（5）人工地震。地下核爆炸、炸药爆破等人为引起的地面振动称为人工地震。人工地震是由人为活动引起的地震。如工业爆破、地下核爆炸造成的振动；在深井中进行高压注水以及大水库蓄水后增加了地壳的压力，有时也会诱发地震。

8.2.1.3　地震的传播方式

在地球内部传播的地震波称为体波，体波分为纵波和横波。振动方向与传播方向一致的波为纵波（P 波）。来自地下的纵波引起地面上下颠簸振动。振动方向与传播方向垂直的波为横波（S 波）。来自地下的横波能引起地面的水平晃动。由于纵波在地球内部传播速度大于横波，因此地震时，纵波总是先到达地表，而横波总落后一步。这样，发生较大的近震时，一般人们先感到上下颠簸，过数秒到十几秒后才感到有很强的水平晃动。横波是造成破坏的主要原因。

8.2.1.4　地震的等级

（1）弱震：震级小于 3 级。如果震源不是很浅，这种地震人们一般不易觉察。

（2）有感地震：震级等于或大于 3 级，小于或等于 4.5 级。这种地震人们能够感觉到，但一般不会造成破坏。

（3）中强震：震级大于 4.5 级、小于 6 级。这种地震属于可造成破坏的地震，但破坏轻重还与震源深度、震中距等多种因素有关。

(4) 强震：震级等于或大于6级。其中震级大于等于8级的又称为巨大地震。

8.2.1.5 地震所造成的灾害

破坏性地震一般是浅源地震。对于同样大小的地震，由于震源深度不一样，对地面造成的破坏程度也不一样。震源越浅，破坏越大，但波及范围也越小，反之亦然。破坏性地震如1976年的唐山地震的震源深度为12公里。

地震时，最基本的现象是地面的连续振动，主要特征是明显的晃动。极震区的人在感到大的晃动之前，有时首先感到上下跳动。因为地震波从地内向地面传来，纵波首先到达。横波接着产生大振幅的水平方向的晃动，这是造成地震灾害的主要原因。

地震造成的灾害首先是破坏房屋和构筑物，造成人畜伤亡。地震在瞬间发生，地震作用的时间很短，最短十几秒，最长两三分钟就造成山崩地裂，房倒屋塌，使人猝不及防、措手不及。1960年智利大地震时，最大的晃动持续了3分钟。1976年中国河北唐山地震中，70%~80%的建筑物倒塌，人员伤亡惨重。

地震发生时，除了直接破坏建筑物，造成人员伤亡，还会引发一些其他灾害，如火灾、水灾、瘟疫、海啸、山体滑坡和崩塌、毒气泄漏等，其中火灾是最常见、最严重的。

8.2.1.6 我国地震带分布及伤亡惨重的地震

我国的地震活动主要分布在5个地区，这5个地区是：台湾及其附近海域；西南地区，包括西藏、四川中西部和云南中西部；西部地区，主要在甘肃河西走廊、青海、宁夏以及新疆天山南北麓；华北地区，主要在太行山两侧、汾渭河谷、阴山—燕山一带、山东中部和渤海湾；东南沿海地区，广东、福建等地。

1920年12月16日20时5分53秒，我国宁夏海原县发生震级为8.5级的强烈地震。死亡24万人，毁城四座，数十座县城遭受破坏。它是中国历史上一次波及范围最广的地震。

1927年5月23日6时32分47秒，我国甘肃古浪发生震级为8级的强烈地震。死亡4万余人。地震发生时，土地开裂，冒出发绿的黑水，硫黄毒气横溢，熏死饥民无数。

1932年12月25日10时4分27秒，我国甘肃昌马堡发生震级为7.6级的大地震，死亡7万人。中国著名古迹嘉峪关城楼被震坍一角。

1966年邢台地震。邢台地震由两个大地震组成：1966年3月8日5时29分14秒，河北省邢台专区隆尧县发生震级为6.8级的大地震，1966年3月22日16时19分46秒，河北省邢台专区宁晋县发生震级为7.2级的大地震，共死亡8064人，受伤38000人，经济损失10亿元。

1970年1月5日1时0分34秒，我国云南省通海县发生震级为7.7级的大地震。死亡 15621 人，伤残 32431 人。

1976 年 7 月 28 日 3 时 42 分 54 点 2 秒，中国河北省唐山市发生震级为 7.8 级的大地震。死亡 24.2 万人，重伤 16 万人，一座重工业城市毁于一旦，直接经济损失 100 亿元以上，为 20 世纪世界上人员伤亡最大的地震。

还有本节开头我们所说的汶川大地震，这些都是死亡人数在万人以上的特大地震，除此之外中国范围内还发生过很多死亡人数在万人以下的大地震，比如：2010 年 4 月 14 日 7 时 49 分，青海省玉树藏族自治州玉树县发生 7.1 级地震，造成 2698 人遇难、270 人失踪。2013 年 4 月 20 日 8 时 02 分，四川省雅安市芦山县发生 7.0 级地震，共计造成 196 人死亡，1 万余人受伤。

知识拓展

浅源地震：震源深度在 60 公里范围内的地震称为浅源地震。浅源地震的发震频率高，占地震总数的 72.5%，所释放的地震能占总释放能量的 85%。其中，震源深度在 30 公里以内的占多数，是地震灾害的主要制造者，对人类影响最大。

震源深度：地震波发源的地方称为震源。震源在地面上的垂直投影，地面上离震源最近的一点称为震中。它是接受振动最早的部位。震中到震源的深度称为震源深度。震源深度是影响地震灾害大小的因素原因之一。

极震区：震中附近振动最强烈，破坏比也最严重的地区称为极震区。

8.2.2 地震防范

地震是大自然运动，我们无法避免，也无法预知。所以我们应该掌握一些地震防范知识，在地震发生时采取恰当的措施，减少伤亡。如果地震发生时我们在楼房里，应牢记 6 个字：判断、躲避、疏散。

8.2.2.1 判断地震

地震时，我们会先感觉到上下振动，数秒后才感觉到晃动。如果没有感觉到上下振动，或只是感觉到眩晕，说明地震较远或较小。如果晃动并不强烈，也说明地震较小，对房屋不会有大的破坏。如果感觉到强烈的上下振动和晃动，站立不稳，说明发生的是大地震，要立刻采取行动，绝对不能迟疑。

8.2.2.2 冷静避震

地震发生时，我们一定要保持冷静。如果刚感觉到地震，我们就不管不顾地从楼内往外跑，很容易发生踩踏事故或因为人数过多拥挤在安全出口。1970 年我国通海大地震现场抢救时发现，大部分死亡者都在屋门口附近，表明地震时人们在往外逃，但来不及到达安全地点就被倒塌的房屋掩埋，无法凭自己的力量挣扎出来。其他震例也基本如此。

【案例 8-8】

汶川灾难

2008 年 5 月 12 日汶川特大地震造成了近 7 万人遇难，在这场灾难中，有一所中学 90 多位教师、2200 名学生在地震发生后，全部冲到操场，用时 1 分 36 秒，全校师生无一伤亡，这就是四川省绵阳市安县桑枣镇桑枣中学，被誉为“史上最牛中学”。

桑枣中学之所以能够在强震发生时全员安全撤离，得益于桑枣中学长期以来的应急演练，师生在逃离时井然有序，未发生踩踏，以及教学楼在他们逃离时未倒塌。实际上，如果学校处于极震区，教学楼很可能在 10 秒左右内发生倒塌。全校 2200 余名师生，选择在地震时逃离，至少会有 200 余名学生从高楼刚下到一楼或二楼就被埋压致重伤乃至死亡，更有数百名师生处在同样危险的过道或楼梯间。这种情况下，如果三楼及以上楼层的师生选择就地避震，无疑会大大减少师生重伤和死亡人数。如果教学楼未倒塌，这些师生更无必要在地震时跑，震后可做到更有序撤离。

国内外地震伤亡情况表明，地震造成人员伤亡的危险主要来自四个方面：

（1）房屋倒塌砸压、掩埋。

（2）室内悬挂物掉砸。

（3）外逃过程中被倒塌的墙、门、装饰物等砸压。

（4）外逃过程中发生踩踏事故等。

死亡的首要原因是因呼吸困难窒息而死，重伤则主要为脊柱断裂。

破坏性地震从人感觉振动到建筑物被破坏平均只有 12 秒，在这短短的时间内你千万不要惊慌。俗语说：“小震不用跑，大震跑不了”。因为地震发生时，强烈的振动会让你无法正常站立、行走，所以这个时候不要下楼梯，不要到处跑，不要随人流拥挤，楼梯、楼道、门、窗户等地方容易崩塌垮掉、发生挤压踩伤。注意千万不要跳楼，跳楼危险性极大。唐山地震震害调查结果表明，因跳楼或逃跑而伤亡的人数在六种主要伤亡形式（直接伤亡、闷压致死、跳楼或逃跑、躲避地点不当、重返危房、抢救或护理不正当等）中占第三位。

震发时，我们可就地蹲在课桌、柜台、排椅下或柱子边、内墙角处，注意用手或随手物件保护头部、捂住口鼻，以免砸伤大脑或被泥沙烟尘呛住。注意避开玻璃门窗、吊灯、电扇等悬挂物。

这里需要注意，我们躲在桌下，虽然可以防悬挂物掉落造成的轻伤，但会被限制活动空间，一旦楼体坍塌会因桌子严重变形而受重伤或致死。躲桌子旁，可利用桌子缓冲楼顶坍塌形成的冲击并形成三角空间而尽可能减少致死的概率。

强震发生时，我们应采取“护头屈身侧卧”避震法，如图8-1所示，而不是直接蹲下。因为蹲姿会使身体肢势高，脊柱易受伤，乃至断裂致瘫痪。侧卧时可使身体尽可能低于周围物体，保护脊柱不受重伤，可利用自身形成呼吸空间，保存体能，尽可能延续生存时间。

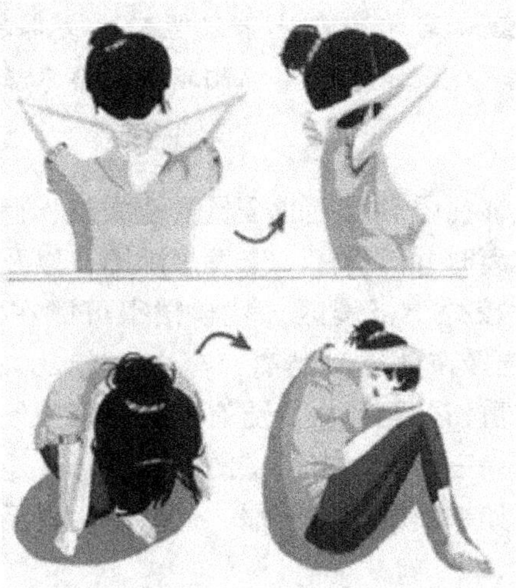

图8-1　“护头屈身侧卧”避震法

8.2.2.3　疏散

当地震的摇晃停止后，要立刻离开楼内，疏散到空旷安全地带。注意，这时不要采取以下几种行为：

(1) 不要乘电梯。地震时电梯可能严重变形，危及生命，或突然断电无法逃生。

(2) 不要到阳台上。建筑物如果受损，阳台是最容易毁坏的地方。

(3) 不要到窗户或外墙边。建筑物如果受损，窗户和外墙也是容易毁坏的地方。

(4) 不要找衣物或贵重物品。生命宝贵，逃生要紧。

(5) 不要在床上或地中央。这属于危险地带。

(6) 千万不要跳楼。事实证明，跳楼的伤害很大。

疏散时一定要有秩序，不要混乱，听从指挥有秩序地从安全通道快速撤离，防止踩踏事故。撤离时用双手或随身物品护住头部，防止高空落物。如果楼内人数较多，离安全通道或出口较远的同学，应该在原地保持躲避姿势，伺机撤离。因为强震过后，楼体很容易坍塌，同时会有余震的发生，要防止因人员聚集导致大规模伤亡。

在从楼内出来后，要前往空旷的场地，如操场，不要站在高大建筑物或电线杆等危险物附近，防止再次地震时发生伤人事件。在空地上时，在警报解除之前，也应该保持蹲下、双手抱头的姿势，听从相关人员指挥。

8.2.3 震后自救和互救

8.2.3.1 互救

震后，外界救灾队伍不可能立即赶到救灾现场，在这种情况下，为找出更多被埋压在废墟下的宝贵生命，灾区群众应积极投入互救，这是减轻人员伤亡最及时、最有效的办法，也体现了“救人于危难之中”的崇高美德。抢救越及时，获救的希望就越大。据有关资料显示，震后20分钟获救的救活率达98%以上，震后1小时获救的救活率下降到63%，震后2小时还无法获救的人员中，窒息死亡人数占死亡人数的58%。他们不是在地震中因建筑物垮塌砸死，而是窒息死亡，如能及时救助，是完全可以获得生命的。

救助时要先救青壮年，因为救出一个青年，就等于增多一份救援力量；另外还要注意先救有呼声的，先救容易救的人。

营救他人时应先确定伤员的头部位置，使头部暴露，迅速清除口鼻内的尘土，再使胸腹部暴露。如有窒息，应及时施以人工呼吸。

8.2.3.2 自救

地震时如被埋压在废墟下，周围又是一片漆黑，只有极小的空间，一定不要惊慌，保持镇静在地震中十分重要。有人观察到，不少无辜者并不是因为房屋倒塌被砸伤或挤压伤而致死，而是由于精神崩溃，失去生存的希望，乱喊乱叫，在极度恐惧中“扼杀”了自己。这是因为，乱喊乱叫会加速新陈代谢，增加氧的消耗，使体力下降，耐受力降低；同时，大喊大叫，必定会吸入大量烟尘，易造成窒息，增加不必要的伤亡。正确的态度是，在任何恶劣的环境中，始终都保持镇静，分析所处环境，寻找出路，等待救援。

地震后，往往还有多次余震发生，处境可能继续恶化，为了免遭受新的伤害，要尽量改善自己所处环境。首先要保护呼吸畅通，挪开头部、胸部的杂物；闻到有煤气、毒气时，用湿衣服等物捂住口、鼻；避开身体上方不结实的倒塌物和其他容易引起掉落的物体；扩大和稳定生存空间，用砖块、木棍等支撑残垣断壁，以防余震发生后，环境进一步恶化。要设法脱离险境。如果找不到脱离险境的通道，应尽量保存体力，用石块敲击能发出声响的物体，向外发出呼救信号，不要哭喊、急躁和盲目行动，这样会大量消耗精力和体力，尽可能控制自己的情绪或闭目休息，等待救援人员到来。如果受伤，要想法包扎，避免流血过多。如果被埋在废墟下的时间比较长，救援人员未到，或者没有听到呼救信号，就要想办法维持自己的生命，防震包内的水和食品一定要节约，尽量寻找食品和饮用水，必要时自己的尿液也能起到解渴作用。

8.3 技能训练：地震逃生

通过地震应急演练，全班师生掌握应急避震的正确方法，熟悉震后紧急疏散的程序和线路，确保在地震来临时，各班地震应急工作能快速、高效、有序地进行，从而最大限度的保护各班师生的生命安全，特别是减少不必要的非震伤害。同时通过演练活动培养学生一切行动听从指挥、团结互助的品德，提高突发公共事件下的应急反应能力和自救互救能力。

【训练项目】

地震逃生。

【课时安排】

2 课时。其中介绍及演示操作 1 课时，分组练习及总结 1 课时。

【分组情况】

任课教师根据班级学生人数适当分组。

【演练准备】

（1）任课教师明确此次地震应急逃生演练的任务和注意事项。

（2）演练前任课教师做好宣传动员工作，让学生熟悉应急避震的正确方法，组织学生学习有关自我保护的知识，并进行以班级为单位的疏散练习，熟悉疏散线路，进行自救逃生练习。

（3）演练前对疏散路线必经之处和到达的“安全地带”进行实地仔细检查，对存在问题及时进行整改，消除障碍和隐患，确保线路畅通和安全。

【具体内容】

A　启动程序

任课教师宣布：同学们，地震应急疏散演练马上就要开始，请大家做好准备，各就各位。

B　教室内应急避震演练

（1）任课教师发出“地震警报”信号。

（2）上课教师立即停止授课，转而成为教室演练负责人，立即告知学生“地震来了，不要慌”，并指挥学生迅速抱头、闭眼，躲在各自的课桌下或课桌旁，尽量蜷曲身体，降低身体重心，并尽可能用书包保护头部；最后一排靠里的同学面向墙，蹲在墙角处。演练时间为一分钟。

（3）一分钟后，任课教师发出解除“地震警报”信号。

（4）教师让学生睁眼抬头，并告知学生，地震已过，现在撤离教室，进入紧急疏散演练环节。

C 紧急疏散演练

（1）任课教师发出“紧急疏散”信号。

（2）每班靠门的两位学生立即把门打开，教师迅速将全班学生分成两路纵队。

（3）学生在教师带领下有序逃离教室，并按照预定的疏散路线，迅速到达事先指定的地点整队。

（4）到达集结点后，各班级集中排队，各班班长协助教师清点本班人数，并及时上报给班主任。教师整理并清点本班同学人数，及时上报给现场指挥员。此时，所有同学均保持避震姿势：双手护头，蹲在地上。

（5）疏散演练时，各班任课教师要在主要路口指挥学生有序逃离。

D 结束演练

当现场指挥宣布演练结束后，所有同学结束避震姿势，按要求有秩序地返回教室。

【总结与讨论】

从意识到发生地震，到地震结束，一般只有十几秒钟的时间，很少会持续一分钟以上。要把握好最早的几秒钟，赶紧躲到最近的安全地方，直到地面停止摇动，再也没有东西落下来为止。

当听到地震发生的信号后，应该做到：

（1）保持镇定，切莫惊慌失措。

（2）在室内的学生，应立即就近躲避，身体采用卧倒或蹲下的方式，使身体尽量小，躲到桌旁、桌下或墙角，以保护身体不被砸，尽量不要靠近窗口。

（3）躲避的姿势：在桌旁或桌下躲避时，将一个胳膊弯起来保护眼睛不让碎玻璃击中，另一只手用力抓紧桌腿；在墙角躲避时，把双手交叉放在脖子后面保护自己，可以拿书包或其他保护物品遮住头部和颈部。

（4）卧倒或蹲下时，也可以采用以下姿势：脸朝下，头近墙，两只胳膊在额前相交，右手正握左臂，左手反握右臂，前额枕在臂上，闭上眼睛和嘴，用鼻子呼吸。

（5）在厕所内的同学，也要采取应变措施，就近躲避。

（6）在室外的同学，应跑到空旷的地方，要用双手放在头上，防止被砸，要避开建筑物和电线。

（7）教师要正确指导学生，发现有采取不正当措施的，及时纠正。

（8）安全应急预案演练时各位教师切记提醒学生不要慌张，安全第一，防止发生意外伤害事故。

演练结束后，请各班有秩序地回到教室，各位教师要及时做好总结，巩固提高学生地震逃生演练的效果。

思考与练习

一、选择题

(1) 下面哪些事故属于意外伤害？(　　)

A 溺水

B 癌症

C 自杀

D 心肌梗死

(2) 下面哪些事故不属于意外伤害？(　　)

A 食物中毒

B 同学间打闹导致的骨折

C 有害作业所致的疾病

D 修理高压线时被电身亡

(3) 下面哪些不属于意外伤害的形成条件？(　　)

A 非本意的行为

B 体内疾病所致的伤亡

C 突然发生的事故

D 外界因素所致的事故

(4) 当我们观看体育比赛时，以下哪种行为是我们应该做的？(　　)

A 跑到比赛场地边缘加油喝彩

B 跑到比赛场地内加油喝彩

C 跟着部分观众一起近距离观看比赛

D 在观众席观看比赛

(5) 处理脖子以上部位受伤且无法行动的伤员，正确的做法是(　　)。

A 拨打120后，把伤者抬到休息室等待

B 把伤者背到校医务室或医院看病

C 翻动伤者身体，自行判断病情后决定是否去医院

D 不要挪动伤员，叫来专业医护人员或老师后，听从他们的安排

(6) 我们在体育活动时，不慎摔倒导致脑袋磕地，但未见明显外伤，正确的做法是(　　)。

A 没见血就没事，小磕小碰无大碍，歇会接着玩。

B 自已判断伤情，吃点药就行

C 自我感觉问题不大，明天再去医院

D 马上通知老师及家长，去医院进行检查

（7）大风天在楼宇间行走，下面正确的做法是（　　）。

A 像平时一样，不急不慢地回到休息场所

B 在楼下面行走

C 尽可能远离楼体，并随时注意上方，快速回到休息场所

D 在楼下方，快速跑回到休息场所

（8）在运动中发生意外伤害事故后，下列哪种做法是错误的？（　　）

A 碰伤、摔伤较严重的时候，不要轻易搬动伤者，以免加重伤势

B 如果伤口出血较多，要用布条紧紧缠住，两个小时后再松开

C 如果手指不幸被弄断，应把断指用干净的布或纸包起来，和伤员一起送往医院，让医生将断指接上

D 如果骨折，应把伤者放平，固定伤肢，轻柔缓慢地移动伤者，送去医院处理

（9）下面关于地震的说法中，正确的是（　　）。

A 每次地震，我们都能感觉到，且会对我们造成一定的危害。

B 地球每年只有几次地震。

C 当前科技水平很发达，能够准确地预测地震的到来。

D 地震的震源越浅，破坏性越大。

（10）下面哪种灾情不属于地震后所造成的？（　　）

A 禽流感

B 有毒气体泄漏

C 火灾

D 海啸

（11）下面哪种情况不会诱发地震？（　　）

A 工业爆破

B 飓风

C 火山喷发

D 山体断裂

（12）下面说法中，正确的是（　　）。

A 小于 6 级的地震不会造成破坏

B 只有地壳运动会引起地震

C 地球每年都有 500 多万次地震发生

D 地震是一种极为少见的自然现象

（13）发生地震时，如果在楼房内，正确的做法是（　　）。

A 马上从室内跑到空旷场地

B 低楼层且在窗户附近的人可以跳窗逃生

C 躲在桌子下方

D 等地震停止晃动时跑出楼内

（14）发生地震时，如果在楼房内，正确的做法是（　　）。

A 直接蹲在桌子旁

B 护头侧身屈身在桌子正下方

C 护头侧身屈身在桌子侧面

D 直接蹲在桌子下

（15）当地震停止晃动后，下面正确的逃生方法是（　　）。

A 撤离时双手或用随身物品护头

B 楼层高的可乘坐电梯下楼逃生

C 楼层低的可从窗户跳楼逃生

D 离安全通道远的同学应用最快速度跑到安全通道

二、填空题

（1）意外伤害是指________________的事件。

（2）意外伤害的四个要素是________、________、________、________。

（3）“常在河边走，哪有不湿鞋。”的意思是____________________________________。

（4）鼻子出血后，可以暂时用口呼吸，同时头要向________方仰，在鼻部放置________水毛巾。

（5）在遇到扭伤或挫伤时，应用毛巾沾________水，拧干后盖在伤处，也可以用________水淋洗伤部。

（6）在骨折后，应把伤者放平，________伤肢，移动伤者时动作要________，之后送去医院处理。切忌盲目________。

（7）地震是________过程中造成振动，期间会产生________的一种自然现象。地球上与________之间相互________，是引起地震的主要原因。

（8）地震波有两种，分别是________和________。振动方向与传播方向一致的波为________，振动方向与传播方向垂直的波为________。

（9）地震时先到达地表的波是________，后到达地表的波是________。造成破坏的主要原因是________波。

（10）小于3级的地震属于________震，等于或大于3级、小于或等于4.5级的地震属于________震，大于4.5级、小于6级的地震属于________震，等于或大于6级的地震属于________震。

（11）________震属于可造成破坏的地震，但破坏轻重还与震源深度、震中距等多种因素有关。

（12）强震发生时我们应采用________避震法，可躲在课桌的________方向。
（13）强震过后，我们从楼内撤离时，应该________，防止高空落物。
（14）中国的地震活动主要分布在______________各地区。
（15）地震开始发生的地点称为震源，震源正上方的地面称为______________。震源越浅，造成的破坏越______________，震源越深，造成的破坏越__________。

三、简答题

（1）日常生活中，我们总会遇到些大大小小的意外伤害，请简述一下意外伤害无法完全杜绝的原因。

____
____
____
____
____
____

（2）意外伤害可发生在我们日常学习生活中的任何时刻、任何地点，请简单说明一下如何避免意外伤害的发生。

____
____
____
____
____
____

（3）在日常体育活动时遇到自身或朋友发生四肢骨折，我们应当如何处理？

____
____
____
____
____
____

（4）俗语说：“小震不用跑，大震跑不了”，请说明为什么强震发生时跑不了。

____
____
____

(5) 2008 年 5 月 12 日汶川特大地震造成了近 7 万人遇难。在这场灾难中，有一所中学 90 多位教师、2200 名学生在地震发生后，全部冲到操场，用时 1 分 36 秒，全校师生无一伤亡，这就是四川省绵阳市安县桑枣镇桑枣中学，被誉为“史上最牛中学”。

这所学校在强震发生时的做法是否正确，若不正确，请说明原因。

(6) 当我们在教室上课时，突然发生 6 级以上的强震，我们应该怎么做？我们应该在什么时间、怎样逃离教学楼？

参考文献

[1] 张寅. 紧急避险与自救 [M]. 西安：西安电子科技大学出版社，2013.
[2] 汤习成. 校园安全 [M]. 北京：中国劳动社会保障出版社，2007.
[3] 张根田. 中小学校园安全防护手册 [M]. 北京：世界知识出版社，2014.
[4] 天津港"8·12"瑞海公司危险品仓库特别重大火灾爆炸事故调查报告 [R/OL].（2016-2-5）. 中国政府网：http：//www.gov.cn/foot/2016-02/05/content_5039788.html.
[5] 中国地震局. 地震知识百问百答（一）[R/OL].（2008-5-30）. http：//www.cea.gov.cn/manage/html/8a8587881632fa5c0116674a018300cf/dzzsbwbd/index.html.
[6] 关月玲. 校园安全教育 [M]. 咸阳：西北农林科技大学出版社，2012.

冶金工业出版社部分图书推荐

书　　名	作　者	定价（元）
美丽校园人读本（中职教材）	郭兴民	28.00
法治素养（中职教材）	郭兴民	27.00
心理健康素养（中职教材）	田俊收	27.00
师德修炼（中职教材）	勾东海	27.00
核心职业素养（中职教材）	杜永关	25.00
科学素养（中职教材）	刘　薇	25.00
创新创业素养（中职教材）	魏定俊	25.00
冶金通用机械与冶炼设备（第2版）（高职高专教材）	王庆春	56.00
矿山提升与运输（第2版）（高职高专教材）	陈国山	39.00
机械制图（第2版）（高职高专教材）	阎　霞	46.00
机械制图习题集（第2版）（高职高专教材）	阎　霞	35.00
高职院校学生职业安全教育（高职高专教材）	邹红艳	22.00
机械基础与训练（上）（高职高专教材）	黄　伟	40.00
机械基础与训练（下）（高职高专教材）	谷敬宇	32.00
工程材料及热处理（高职高专教材）	孙　刚	29.00
冶金机械设备故障诊断与维修（高职高专教材）	蒋立刚	55.00
现代转炉炼钢设备（高职高专教材）	季德静	39.00
采掘机械（高职高专教材）	陈国山	42.00
烧结球团生产操作与控制（高职高专教材）	侯向东	35.00
洁净煤技术（高职高专教材）	李桂芬	30.00
冶金企业安全生产与环境保护（高职高专教材）	贾继华	29.00
数控技术与应用（高职高专教材）	胡运林	32.00
自动化仪表使用与维护（高职高专教材）	吕增芳	28.00
环境监测与分析（高职高专教材）	黄兰粉	32.00
电子技术及应用（高职高专教材）	龙关锦	34.00